U0719993

明史

清 張廷玉等撰

第二八册

卷三二三至卷三三二(傳)

中華書局

明史卷三百二十三

列傳第二百十一

外國四

琉球　呂宋　合貓里　美洛居　沙瑤吶嗶嘽　雞籠　婆羅

麻葉甕　古麻剌朗　馮嘉施蘭　文郎馬神

琉球居東南大海中，自古不通中國。元世祖遣官招諭之，不能達。洪武初，其國有三王，曰中山，曰山南，曰山北，皆以尙爲姓，而中山最强。五年正月命行人楊載以卽位建元詔告其國，其中山王察度遣弟泰期等隨載入朝，貢方物。帝喜，賜大統曆及文綺、紗羅有差。七年冬，泰期復來貢，幷上皇太子箋。命刑部侍郎李浩齎賜文綺、陶鐵器，且以陶器七萬、鐵器千就其國市馬。九年夏，泰期隨浩入貢，得馬四十匹。浩言其國不貴紈綺，惟貴磁器、鐵釜，自是賞賚多用諸物。明年遣使賀正旦，貢馬十六匹、硫黃千斤。又明年復貢。山南王承察度亦遣使朝貢，禮賜如中山。十五年春，中山來貢，遣內官送其使還國。明年與山南王並來貢，詔賜二王鍍金銀印。時二王與山北王爭雄，互相攻伐。命內史監丞梁民賜之敕，令罷兵息民，三王並奉命。山北王怕尼芝卽遣使偕二王使朝貢。十八年又貢，賜山北王鍍金銀印如二王，而賜二王海舟各一。自是，三王屢遣使奉貢，中山王尤數。二十三年，中山來貢，其通事私攜乳香十斤、胡椒三百斤入都，爲門者所獲，當入官。詔還之，仍賜以鈔。

二十五年夏，中山貢使以其王從子及寨官子偕來，請肄業國學。從之，賜衣巾靴韈幷夏衣一襲。其冬，山南王亦遣從子及寨官子入國學，賜賚如之。自是，歲賜冬夏衣以爲常。明年，中山兩入貢，又遣寨官子肄業國學。是時，國法嚴，中山生與山南生有非議詔書者。帝聞，置之死，而待其國如故。山北王怕尼芝已卒，其嗣王攀安知，二十九年春遣使來貢。令山南生肄國學者歸省，其冬復來。中山亦遣寨官子二人及女官生姑、魯妹二人，先後來肄業，其感慕華風如此。中山又遣使請賜冠帶，命禮部繪圖，令自製。其王固以請，乃賜之，幷賜其臣下冠服。又嘉其修職勤，賜閩中舟工三十六戶，以便貢使往來。及惠帝嗣位，遣官以登極詔諭其國，三王亦奉貢不絕。

成祖承大統，詔諭如前。永樂元年春，三王並來貢。山北王請賜冠帶，詔給賜如中山。

命行人邊信、劉亢齎敕使三國，賜以絨錦、文綺、紗羅。明年二月，中山王世子武寧遣使告父喪，命禮部遣官諭祭，賻以布帛，遂命武寧襲位。四月，山南王從弟汪應祖亦遣使告承察度之喪，〔一〕謂前王無子，傳位應祖，乞加朝命，且賜冠帶。帝並從之，遂遣官册封。時山南使臣私齎白金詣處州市磁器，事發，當論罪。帝曰：「遠方之人，知求利而已，安知禁令。」悉貰之。三年，山南遣寨官子入國學。明年，中山亦遣寨官子六人入國學，幷獻奄豎數人。帝曰：「彼亦人子，無罪刑之，何忍？」命禮部還之。部臣言：「還之，慮阻歸化之心，請但賜敕，止其再進。」帝曰：「諭以空言，不若示以實事。今不遣還，彼欲獻媚，必將繼進。天地以生物爲心，帝王乃可絕人類乎？」竟還之。五年四月，中山王世子思紹遣使告父喪，諭祭，賜賻册封如前儀。

八年，山南遣官生三人入國學，賜巾服靴條、衾褥帷帳，已復頻有所賜。一日，帝與羣臣語及之。禮部尚書呂震曰：「昔唐太宗興庠序，新羅、百濟並遣子來學。爾時僅給廩餼，未若今日賜予之周也。」帝曰：「蠻夷子弟慕義而來，必衣食常充，然後嚮學。此我太祖美意，朕安得違之。」明年，中山遣國相子及寨官子入國學，因言：「右長史王茂輔翼有年，請擢爲國相。左長史朱復，本江西饒州人，輔臣祖察度四十餘年，不懈。今年踰八十，請令致仕還鄉。」從之，乃命復、茂並爲國相，復兼左長史致仕，茂兼右長史任其國事。十一年，中山遣寨官子十三人入國學。時山南王應祖爲其兄達勃期所弒，諸寨官討誅之，推應祖子他魯每爲主，以十三年三月請封。命行人陳季若等封爲山南王，賜誥命冠服及寶鈔萬五千錠。

琉球之分三王也，惟山北最弱，故其朝貢亦最稀。自永樂三年入貢後，至是年四月始入貢。其後，竟爲二王所併，而中山益强，以其國富，一歲常再貢三貢。天朝雖厭其繁，不能却也。其冬，貢使還至福建，擅奪海船，殺官軍，且毆傷中官，掠其衣物。事聞，戮其爲首者，餘六十七人付其主自治。明年遣使謝罪，帝待之如初，其修貢益謹。二十二年春，中山王世子尚巴志來告父喪，諭祭賜賻如常儀。

仁宗嗣位，命行人方彝詔告其國。洪熙元年命中官齎敕封巴志爲中山王。宣德元年，其王以冠服未給，遣使來請，命製皮弁服賜之。三年八月，帝以中山王朝貢彌謹，遣官齎敕往勞，賜羅錦諸物。

山南自四年兩貢，終帝世不復至，亦爲中山所併矣。自是，惟中山一國朝貢不絕。

正統元年，其使者言：「初入閩時，止具貢物報聞。下人所齎海肥、螺殼，失於開報，悉爲官司所沒入，致來往乏資，乞賜垂憫。」命給直如例。明年，貢使至浙江，典市舶者復請籍其所齎，帝曰：「番人以貿易爲利，此二物取之何用，其悉還之，著爲令。」使者奏：「本國陪臣冠服，皆國初所賜，歲久敝壞，乞再給。」又言：「小邦遵奉正朔，海道險遠，受曆之使，或半歲一歲始返，常懼後時。」帝曰：「冠服令本邦自製。大統曆，福建布政司給予之。」七年正月，中山世子尙忠來告父喪，命給事中余忭、行人劉遜封忠爲中山王。敕使之用給事中，自玆始也。忭等還，受其黃金、沉香、倭扇之贈，爲偵事者所覺，並下吏，杖而釋之。十二年二月，世子尙思達來告父喪，命給事中陳傅、行人萬祥往封。

景泰二年，思達卒，無子，其叔父金福攝國事，遣使告喪。命給事中喬毅、行人童守宏封金福爲王。〔三〕五年二月，金福弟泰久奏：「長兄金福殂，次兄布里與兄子志魯爭立，兩傷俱殞，所賜印亦毀壞。國中臣民推臣權攝國事，乞再賜印鎭撫遠藩。」從之。明年四月命給事中嚴誠、行人劉儉封泰久爲王。天順六年三月，世子尙德來告父喪，命給事中潘榮、行人蔡哲封爲王。

成化五年，其貢使蔡璟言：「祖父本福建南安人，爲琉球通事，傳至璟，擢長史。乞如制賜誥贈封其父母。」章下禮官，以無例而止。明年，福建按察司言：「貢使程鵬至福州，與指揮劉玉私通貨賄，並宜究治。」命治玉而宥鵬。七年三月，世子尙圓來告父喪，命給事中丘弘、行人韓文封爲王。弘至山東病卒，命給事中官榮代之。十年，貢使至福建，殺懷安民夫婦二人，焚屋劫財，捕之不獲。明年復貢，禮官因請定令二年一貢，毋過百人，不得附攜私物，騷擾道途。帝從之，賜敕戒王。其使者請如祖制，比年一貢，不許。又明年，貢使至，會册立東宮，請如朝鮮、安南，賜詔齎回。禮官議琉球與日本、占城並居海外，例不頒詔，乃降敕以文錦、綵幣賜其王及妃。十三年，使臣來，復請比年一貢，不許。明年四月，王卒，世子尚眞來告喪，乞嗣爵，復請比年一貢。禮官言，其國連章奏請，不過欲圖市易。近年所遣之使，多係閩中逋逃罪人，殺人縱火，奸狡百端，專貿中國之貨，以擅外蕃之利，所請不可許。乃命給事中董旻、行人張祥往封，而不從其請。十六年，使來，復引祖訓條章請比年一貢，帝賜敕戒約之。十八年，使者至，復以爲言，賜敕如初。使者攜陪臣子五人來受學，命隸南京國子監。二十二年，貢使來，其王移咨禮部，請遣五人歸省，從之。

弘治元年七月，其貢使自浙江來。禮官言貢道向由福建，今既非正道，又非貢期，宜却之，詔可。其使臣復以國王移禮部文來，上言舊歲知東宮册妃，故遣使來賀，非敢違制。禮官乃請納之，而稍減傔從賜賚，以示裁抑之意。三年，使者至，言近歲貢使止許二十五人入都，物多人少，慮致疏虞。詔許增五人，其傔從在閩者，并增給二十人廩食，爲一百七十人。時貢使所攜土物，與閩人互市者，爲奸商抑勒，有司又從而侵削之。使者訴於朝，有詔禁止。十七年遣使補貢，謂小邦貢物常市之滿剌加，因遭風致失期，命宴賚如制。正德二年，使者來，請比年一貢。禮官言不可許，是時劉瑾亂政，特許之。五年遣官生蔡進等五人入南京國學。

嘉靖二年從禮官議，敕琉球二年一貢，不得過百五十人。五年，尚眞卒，其世子尚清以六年來貢，因報訃，使者還至海，溺死。九年遣他使來貢，并請封。命福建守臣勘報。十一年，世子以國中臣民狀來上，乃命給事中陳侃、行人高澄持節往封。及還，却其贈。十四年，貢使至，仍以所贈黃金四十兩進於朝，乃敕侃等受之。二十九年來貢，攜陪臣子五人入國學。

三十六年，貢使來，告王尚清之喪。先是，倭寇自浙江敗還，抵琉球境。世子尚元遣兵邀擊，大殲之，獲中國被掠者六人，至是送還。帝嘉其忠順，賜賚有加，卽命給事中郭汝霖、行人李際春封尚元爲王。至福建，阻風未行。三十九年，其貢使亦至福建，稱受世子命，以海中風濤叵測，倭寇又出沒無時，恐天使有他虞，請如正德中封占城故事，遣人代進表文方物，而身偕本國長史齎回封册，不煩天使遠臨。巡按御史樊獻科以聞，禮官言：「遣使册封，祖制也。今使者欲遙受册命，是委君貺於草莽，不可一。使者本奉表朝貢，乃求遣官代進，是棄世子專遣之命，不可二。昔正德中，占城王爲安南所侵，竄居他所，故使者齎回敕命，出一時權宜。今援失國之事，以儗其君，不可三。梯航通道，柔服之常。彼所藉口者倭寇之警，風濤之險爾，不知琛賓之輸納，使臣之往來，果何由而得無患乎？不可四。曩占城雖領封，其王猶懇請遣使。今使者非世子面命，又無印信文移。若輕信其言，倘世子以遣使爲至榮，遙拜爲非禮，不肯受封，復上書請使，將誰執其咎？不可五。乞命福建守臣仍以前詔從事。至未受封而先謝恩，亦非故事。宜止聽其入貢，其謝恩表文，俟世子受封後遣使上進，庶中國之大體以全。」帝如其言。四十一年夏，遣使入貢謝恩。明年及四十四年並入貢。隆慶中，凡三貢，皆送還中國飄流人口。天子嘉其忠誠，賜敕獎勵，加賚銀幣。

萬曆元年冬，其國世子尚永遣使告父喪，請襲爵。章下禮部，行福建守臣覈奏。明年遣使賀登極。三年入貢。四年春，再貢。七月命戶科給事中蕭崇業、行人謝杰齎敕及皮弁冠服、玉珪，封尚永爲中山王。明年冬，崇業等未至，世子復遣使入貢。其後，修貢如常儀。八年冬，遣陪臣子三人入南京國學。十九年遣使來貢，而尚永隨卒。禮官以日本方侵噬鄰境，琉球不可無王，乞令世子速請襲封，用資鎮壓。從之。

二十三年，世子尚寧遣人請襲。福建巡撫許孚遠以倭氛未息，據先臣鄭曉領封之議，請遣官一員齎敕至福建，聽其陪臣面領歸國，或遣習海武臣一人，偕陪臣同往。禮官范謙議如其言，且請待世子表至乃許。二十八年，世子以表至，其陪臣請如祖制遣官。禮官余繼登言：「累朝册封琉球，伐木造舟，動經數歲。使者蹈風濤之險，小國苦供億之煩。宜一如前議從事。」帝可之，命今後册封，止遣廉勇武臣一人偕請封陪臣前往，其祭前王，封新王，禮儀一如舊章，仍命俟彼國大臣結狀至乃行。明年秋，貢使以狀至，仍請遣文臣。乃命給事中洪瞻祖、行人王士禎往，且命待海寇息警，乃渡海行事。已而瞻祖以憂去，改命給事中夏子陽，以三十一年二月抵福建。按臣方元彥復以海上多事，警報頻仍，會巡撫徐學聚疏請仍遣武臣。子陽、士禎則以屬國言不可爽，使臣義當有終，乞堅成命慰遠人。章俱未報，禮部侍郎李廷機言：「宜行頒封初旨，并武臣不必遣。」於是御史錢桓、給事中蕭近高交章爭其不可，謂：「此事當在欽命未定之前，不當在册使既遣之後，宜敕所司速成海艘，勿悞今歲渡海之期。俟竣事復命，然後定爲畫一之規，先之以文告，令其領封海上，永爲遵守。」帝納之。三十三年七月，乃命子陽等速渡海竣事。

當是時，日本方强，有吞滅之意。琉球外禦强鄰，內修貢不絕。四十年，日本果以勁兵三千入其國，〔三〕擄其王，遷其宗器，大掠而去。浙江總兵官楊宗業以聞，乞嚴飭海上兵備，從之。已而其王釋歸，復遣使修貢，然其國殘破已甚，禮官乃定十年一貢之例。明年修貢如故。又明年再貢，福建守臣遵朝命却還之，其使者怏怏而去。四十四年，日本有取雞籠山之謀，其地名臺灣，密邇福建，尚寧遣使以聞，詔海上警備。

天啓三年，尚寧已卒，其世子尚豐遣使請貢請封。禮官言：「舊制，琉球二年一貢，後爲倭寇所破，改期十年。今其國休養未久，暫擬五年一貢，俟新王册封更議。」從之。五年遣使入貢請封。六年再貢。是時中國多事，而科臣應使者亦憚行，故封典久稽。

崇禎二年，貢使又至請封，命遣官如故事。禮官何如寵復以履險糜費，請令陪臣領封。帝不從，乃命戶科給事中杜三策、行人楊掄往，成禮而還。四年秋，遣使賀東宫册立。自是，迄崇禎末，並修貢如儀。後兩京繼沒，唐王立於福建，猶遣使奉貢。其虔事天朝，爲外藩最云。

呂宋居南海中，去漳州甚近。洪武五年正月遣使偕瑣里諸國來貢。永樂三年十月遣官齎詔，撫諭其國。八年與馮嘉施蘭入貢，自後久不至。萬曆四年，官軍追海寇林道乾至其國，國人助討有功，復朝貢。時佛郎機强，與呂宋互市，久之見其國弱可取，乃奉厚賄遺王，乞地如牛皮大，建屋以居。王不虞其詐而許之，其人乃裂牛皮，聯屬至數千丈，圍呂宋地，乞如約。王大駭，然業已許諾，無可奈何，遂聽之，而稍徵其稅如國法。其人既得地，卽營室築城，列火器，設守禦具，爲窺伺計。已，竟乘其無備，襲殺其王，逐其人民，而據其國，名仍呂宋，實佛郎機也。先是，閩人以其地近且饒富，商販者至數萬人，往往久居不返，至長子孫。佛郎機既奪其國，其王遣一酋來鎭，慮華人爲變，多逐之歸，留者悉被其侵辱。

二十一年八月，酋郎雷敝裏系勝侵美洛居，役華人二百五十助戰。有潘和五者爲其哨官。蠻人日酣臥，而令華人操舟，稍怠，輒鞭撻，有至死者。和五曰：「叛死，箠死，等死耳，否亦且戰死，曷若刺殺此酋以救死。勝則揚帆歸，不勝而見縛，死未晚也。」衆然之，乃夜刺殺其酋，持酋首大呼。諸蠻驚起，不知所爲，悉被刃，或落水死。和五等盡收其金寶、甲仗，駕舟以歸。失路之安南，爲其國人所掠，惟郭惟太等三十二人附他舟獲返。時酋子郎雷貓吝駐朔霧，聞之，率衆馳至，遣僧陳父冤，乞還其戰艦、金寶，戮仇人以償父命。巡撫許孚遠聞於朝，檄兩廣督撫以禮遣僧，置惟太於理，和五竟留安南不敢返。

初，酋之被戮也，其部下居呂宋者，盡逐華人於城外，毀其廬。及貓吝歸，令城外築室以居。會有傳日本來寇者，貓吝懼交通爲患，復議驅逐。而孚遠適遣人招還，蠻乃給行糧遣之。然華商嗜利，趨死不顧，久之復成聚。

其時礦稅使者四出，奸宄蠭起言利，有閻應龍、張嶷者，〔四〕言呂宋機易山素產金銀，採之，歲可得金十萬兩，銀三十萬兩，以三十年七月詣闕奏聞，帝卽納之。命下，舉朝駭異。都御史溫純疏言：

近中外諸臣爭言礦稅之害，天聽彌高。今廣東李鳳至汚辱婦女六十六人，〔五〕私運財賄至三十巨舟、三百大扛，勢必見戮於積怒之衆。何如及今撤之，猶不失威福操縱之柄。緬酋以寶井故，提兵十萬將犯內地，西南之蠻，岌岌可憂。而閩中奸徒又以機易山事見告。此其妄言，眞如戲劇，不意皇上之聰明而悞聽之。臣等驚魂搖曳，寢食不寧。異時變興禍起，費國家之財不知幾百萬，倘或剪滅不早，其患又不止費財矣。臣聞海澄市舶高宷已歲徵三萬金，決不遺餘力而讓利。卽機易越在海外，亦決無徧地金銀，任人採取之理，安所得金十萬、銀三十萬，以實其言。不過假借朝命，闌出禁物，勾引諸番，以逞不軌之謀，豈止煩擾公私，貽害海澄一邑而已哉。

昔年倭患，正緣奸民下海，私通大姓，設計勒價，致倭賊憤恨，稱兵犯順。今以朝命行之，害當彌大。及乎兵連禍結，諸奸且效汪直、曾一本輩故智，負海稱王，擁兵列寨，近可以規重利，遠不失爲尉佗。於諸亡命之計得矣，如國家大患何！乞急置於理，用消禍本。

言官金忠士、曹于汴、朱吾弼等亦連章力爭，皆不聽。

事下福建守臣，持不欲行，而迫於朝命，乃遣海澄丞王時和、百戶干一成偕嶷往勘。呂宋人聞之大駭。華人流寓者謂之曰：「天朝無他意，特是奸徒橫生事端。今遣使者按驗，俾奸徒自窮，便於還報耳。」其酋意稍解，命諸僧散花道旁，若敬朝使，而盛陳兵衞迓之。時和等入，酋爲置宴，問曰：「天朝欲遣人開山。山各有主，安得開？譬中華有山，可容我國開耶？」且言：「樹生金豆，是何樹所生？」時和不能對，數視嶷，嶷曰：「此地皆金，何必問豆所自？」上下皆大笑，留𡇙，欲殺之。諸華人共解，乃獲釋歸。時和還任，即病悸死。守臣以聞，請治𡇙妄言罪。事已止矣，而呂宋人終自疑，謂天朝將襲取其國，諸流寓者爲內應，潛謀殺之。

明年，聲言發兵侵旁國，厚價市鐵器。華人貪利盡鬻之，於是家無寸鐵。酋乃下令錄華人姓名，分三百人爲一院，入即殲之。事稍露，華人羣走菜園。酋發兵攻，衆無兵仗，死無算，奔大崙山。蠻人復來攻，衆殊死鬬，蠻兵少挫。酋旋悔，遣使議和。衆疑其僞，撲殺之。酋大怒，斂衆入城，設伏城旁。衆飢甚，悉下山攻城。伏發，衆大敗，先後死者二萬五千人。酋尋出令，諸所掠華人貲，悉封識貯庫。移書閩中守臣，言華人將謀亂，不得已先之，請令死者家屬往取其孥與帑。巡撫徐學聚等亟告變於朝，帝驚悼，下法司議奸徒罪。三十二年十二月議上，帝曰：「𡇙等欺誑朝廷，生釁海外，致二萬商民盡膏鋒刃，損威辱國，死有餘辜，即梟首傳示海上。呂宋酋擅殺商民，撫按官議罪以聞。」學聚等乃移檄呂宋，數以擅殺罪，令送死者妻子歸，竟不能討也。其後，華人復稍稍往，而蠻人利中國互市，亦不拒，久之復成聚。

時佛郎機已併滿剌加，益以呂宋，勢愈强，橫行海外，遂據廣東香山澳，築城以居，與民互市，而患復中於粵矣。

合貓里，海中小國也。土瘠多山，山外大海，饒魚蟲，人知耕稼。永樂三年九月遣使附爪哇使臣朝貢。其國又名貓里務，近呂宋，商舶往來，漸成富壤。華人入其國，不敢欺陵，市法最平，故華人爲之語曰：「若要富，須往貓里務。」有網巾礁老者，最兇悍，海上行劫，舟若飄風，遇之無免者。然特惡商船不至其地，偶有至者，待之甚善。貓里務後遭寇掠，人多死傷，地亦貧困。商人慮爲礁老所劫，鮮有赴者。

美洛居，俗訛爲米六合，居東海中，頗稱饒富。酋出，威儀甚備，所部合掌伏道旁。男子削髮，女椎結。地有香山，雨後香墮，沿流滿地，居民拾取不竭。其酋委積充棟，以待商舶之售。東洋不產丁香，獨此地有之，可以辟邪，故華人多市易。

萬曆時，佛郎機來攻，其酋戰敗請降，乃宥令復位，歲以丁香充貢，不設戍兵而去。已，紅毛番橫海上，知佛郎機兵已退，乘虛直抵城下，執其酋，語之曰：「若善事我，我爲若主，殊勝佛郎機也。」酋不得已聽命，復位如故。佛郎機酋聞之大怒，率兵來攻，道爲華人所殺，語具呂宋傳。

時紅毛番雖據美洛居，率一二歲率衆返國，既返復來。佛郎機酋子既襲位，欲竟父志，大舉兵來襲，値紅毛番已去，遂破美洛居，殺其酋，立己所親信主之。無何，紅毛番至，又破其城，逐佛郎機所立酋，而立美洛居故王之子。自是，歲搆兵，人不堪命。華人流寓者，遊說兩國，令各罷兵，分國中萬老高山爲界，山以北屬紅毛番，南屬佛郎機，始稍休息，而美洛居竟爲兩國所分。

沙瑤，與吶嗶嘽連壤。吶嗶嘽在海畔，沙瑤稍紆入山隈，皆與呂宋近。男女蓄髮椎結，男子用履，婦女跣足。以板爲城，豎木覆茅爲室。崇釋教，多建禮拜寺。男女之禁甚嚴，夫行在前，其婦與人嘲笑，夫卽刃其婦，所嘲笑之人不敢逃，任其刺割。盜不問大小，輒論死。孕婦將產，以水灌之，且以水滌其子，置水中，生而與水習矣。物產甚薄，華人商其地，所攜僅磁器、鍋釜之類，重者至布而止。後佛郎機據呂宋，多侵奪鄰境，惟二國號令不能及。

雞籠山在彭湖嶼東北，故名北港，又名東番，去泉州甚邇。地多深山大澤，聚落星散。無君長，有十五社，社多者千人，少或五六百人。無徭賦，以子女多者爲雄，聽其號令。雖居海中，酷畏海，不善操舟，老死不與鄰國往來。永樂時，鄭和偏歷東西洋，靡不獻琛恐後，獨東番遠避不至。和惡之，家貽一銅鈴，俾挂諸項，蓋擬之狗國也。其後，人反寶之，富者至掇數枚，曰：「此祖宗所遺。」俗尚勇，暇即習走，日可數百里，不讓奔馬。足皮厚數分，履荊棘如平地。男女椎結，裸逐無所避。女或結草裙蔽體，遇長老則背身而立，俟過乃行。男子穿耳。女子年十五，斷唇旁齒以爲飾，手足皆刺文，衆社畢賀，費不貲。貧者不任受賀，則不敢刺。四序，以草青爲歲首。土宜五穀，而不善水田。穀種落地，則止殺，謂行好事，助天公，乞飯食。既收穫，即標竹竿於道，謂之插青，此時逢外人便殺矣。村落相仇，刻期而後戰，勇者數人前跳，被殺則立散。其勝者，衆賀之，曰：「壯士能殺人也。」其負者，家衆亦賀之，曰：「壯士不畏死也。」次日，即和好如初。地多竹，大至數拱，長十丈，以竹搆屋，覆之以茅，廣且長，聚族而居。無曆日、文字，有大事集衆議之。善用鏢鎗，竹柄鐵鏃，銛甚，試鹿鹿斃，試虎虎亦斃。性既畏海，捕魚則於溪澗。冬月聚衆捕鹿，鏢發輒中，積如丘山。獨不食雞雉，但取其毛以爲飾。中多大溪，流入海，水澹，故其外名淡水洋。

嘉靖末，倭寇擾閩，大將戚繼光敗之。倭遁居於此，其黨林道乾從之。已，道乾懼爲倭所併，又懼官軍追擊，揚帆直抵浡泥，攘其邊地以居，號道乾港。而雞籠遭倭焚掠，國遂殘破。初悉居海濱，既遭倭難，稍稍避居山後。忽中國漁舟從魍港飄至，遂往來通販，以爲常。至萬曆末，紅毛番泊舟於此，因事耕鑿，設闤闠，稱臺灣焉。

崇禎八年，給事中何楷陳靖海之策，言：「自袁進、李忠、楊祿、楊策、鄭芝龍、李魁奇、鍾斌、劉香相繼爲亂，海上歲無寧息。今欲靖寇氛，非墟其窟不可。其窟維何？臺灣是也。臺灣在彭湖島外，距漳、泉止兩日夜程，地廣而腴。初，貧民時至其地，規魚鹽之利，後見兵威不及，往往聚而爲盜。近則紅毛築城其中，與奸民互市，屹然一大部落。墟之之計，非可干戈從事，必嚴通海之禁，俾紅毛無從謀利，奸民無從得食，出兵四犯，我師乘其虛而擊之，可大得志。紅毛舍此而去，然後海氛可靖也。」時不能用。

其地，北自雞籠，南至浪嶠，可一千餘里。東自多羅滿，西至王城，可九百餘里。水道，順風，自雞籠淡水至福州港口，五更可達。自臺灣港至彭湖嶼，四更可達。自彭湖至金門，七更可達。東北至日本，七十更可達。南至呂宋，六十更可達。蓋海道不可以里計，舟人分一晝夜爲十更，故以更計道里云。

婆羅，又名文萊，東洋盡處，西洋所自起也。唐時有婆羅國，高宗時常入貢。永樂三年十月遣使者齎璽書、綵幣撫諭其王。四年十二月，其國東、西二王並遣使奉表朝貢。明年又貢。

其地負山面海，崇釋教，惡殺喜施。禁食豕肉，犯者罪死。王薙髮，裹金繡巾，佩雙劍，出入徒步，從者二百餘人。有禮拜寺，每祭用犧。厥貢玳瑁、瑪瑙、硨磲、珠、白焦布、花焦布、降眞香、黃蠟、黑小厮。

萬曆時，爲王者閩人也。或言鄭和使婆羅，有閩人從之，因留居其地，其後人竟據其國而王之。邸旁有中國碑。王有金印一，篆文，上作獸形，言永樂朝所賜。民間嫁娶，必請此印印背上，以爲榮。後佛郎機橫，擧兵來擊。王率國人走入山谷中，放藥水，流出，毒殺其人無算，王得返國。佛郎機遂犯呂宋。

麻葉甕，在西南海中。永樂三年十月遣使齎璽書賜物，招諭其國，迄不朝貢。自占城靈山放舟，順風十晝夜至交欄山，其西南卽麻葉甕。山峻地平，田膏腴，收穫倍他國。煑海爲鹽，釀蔗爲酒。男女椎結，衣長衫，圍之以布。俗尚節義，婦喪夫，剺面剃髮，絕粒七日，與屍同寢，多死。七日不死，則親戚勸以飲食，終身不再嫁。或於焚屍日，亦赴火自焚。產玳瑁、木棉、黃蠟、檳榔、花布之屬。

交欄山甚高廣，饒竹木。元史弼、高興伐爪哇，遭風至此山下，舟多壞，乃登山伐木重造，遂破爪哇。其病卒百餘，留養不歸，後益蕃衍，故其地多華人。

又有葛卜及速兒米囊二國，亦永樂三年遣使持璽書賜物招諭，竟不至。

古麻剌朗，東南海中小國也。永樂十五年九月遣中官張謙齎敕撫諭其王幹剌義亦奔敦，賜之絨錦、紵絲、紗羅。十八年八月，王率妻子、陪臣隨謙來朝，貢方物，禮之如蘇祿國王。王言：「臣愚無知，雖爲國人所推，然未受朝命，幸賜封誥，仍其國號。」從之，乃賜以印誥、冠帶、儀仗、鞍馬及文綺、金織襲衣，妃以下並有賜。明年正月辭還，復賜金銀錢、文綺、紗羅、綵帛、金織襲衣、麒麟衣，妃以下賜有差。王還至福建，遘疾卒。遣禮部主事楊善諭祭，謚曰康靖，有司治墳，葬以王禮。命其子剌苾嗣爲王，率衆歸，賜鈔幣。

馮嘉施蘭，亦東洋中小國。永樂四年八月，其酋嘉馬銀等來朝，貢方物，賜鈔幣有差。六年四月，其酋玳瑁、里欲二人，各率其屬朝貢，賜二人鈔各百錠、文綺六表裏，其從者亦有賜。八年復來貢。

文郎馬神，以木爲城，其半倚山。酋蓄繡女數百人。出乘象，則繡女執衣履、刀劍及檳榔盤以從。或泛舟，則酋趺坐牀上，繡女列坐其下，與相向，或用以刺舟，威儀甚都。民多縛木水上，築室以居，如三佛齊。男女用五色布纏頭，腹背多袒，或著小袖衣，蒙頭而入，下體圍以幔。初用蕉葉爲食器，後與華人市，漸用磁器。尤好磁甕，畫龍其外，死則貯甕中以葬。其俗惡淫，奸者論死。華人與女通，輒削其髮，以女配之，永不聽歸。女苦髮短，問華人何以致長，紿之曰：「我用華水沐之，故長耳。」其女信之，競市船中水以沐。華人故靳之，以爲笑端。女或悅華人，持香蕉、甘蔗、茉莉相贈遺，多與之調笑。然憚其法嚴，無敢私通者。

其深山中有村名烏籠里憚，其人盡生尾，見人輒掩面走避。然地饒沙金，商人持貨往市者，擊小銅鼓爲號，置貨地上，卽引退丈許。其人乃前視，當意者，置金於旁。主者遙語欲售，則持貨去，否則懷金以歸，不交言也。所產有犀牛、孔雀、鸚鵡、沙金、鶴頂、降香、蠟、藤席、萪藤、華撥、血竭、肉荳蔻、獐皮諸物。

鄰境有買哇柔者，性兇狠，每夜半盜斬人頭以去，裝之以金。故商人畏之，夜必嚴更以待。

始，文郎馬神酋有賢德，待商人以恩信。子三十一人，恐擾商舶，不令外出。其妻乃買哇柔酋長之妹，生子襲父位，聽其母族之言，務爲欺詐，多負商人價直，自是赴者亦稀。

校勘記

〔一〕山南王從弟汪應祖亦遣使告承察度之喪　汪應祖，原作「王應祖」，據本書卷六成祖紀及太宗實錄卷二八永樂二年四月壬午條改。

〔二〕命給事中喬毅行人童守宏封金福爲王　童守宏，原作「董守宏」，明史稿傳一九七琉球傳、英宗實錄卷二〇六景泰二年七月戊戌條、國榷卷三〇頁一九〇四都作「童守宏」。據改。

〔三〕四十年日本果以勁兵三千入其國　本書卷二一神宗紀繫此事於三十七年。

〔四〕有閻應龍張嶷者　閻應龍，神宗實錄卷三七五萬曆三十年八月丙戌條及國榷卷七九頁四九〇

○都作「閻應隆」。

〔五〕廣東李鳳至汚辱婦女六十六人　廣東，原作「雲南」，據本書卷二二〇溫純傳，又卷三〇五陳增傳、梁永傳改。按神宗實錄卷三七五萬曆三十年八月甲寅條有廣東巡按李時華論稅使李鳳疏。

明史卷三百二十四

列傳第二百十二

外國五

占城 賓童龍 眞臘 暹羅 爪哇 闍婆 蘇吉丹 碟里 日羅夏治

三佛齊

占城居南海中，自瓊州航海順風一晝夜可至，自福州西南行十晝夜可至，卽周越裳地。秦爲林邑，漢爲象林縣。後漢末，區連據其地，始稱林邑王。自晉至隋仍之。唐時，或稱占不勞，或稱占婆，其王所居曰占城。至德後，改國號曰環。迄周、宋，遂以占城爲號，朝貢不替。元世祖惡其阻命，大擧兵擊破之，亦不能定。

洪武二年，太祖遣官以卽位詔諭其國。其王阿荅阿者先已遣使奉表來朝，貢象虎方物。帝喜，卽遣官齎璽書、大統曆、文綺、紗羅，偕其使者往賜，其王復遣使來貢。自後或比歲貢，或間歲，或一歲再貢。未幾，命中書省管勾甘桓、會同館副使路景賢齎詔，封阿荅阿者爲占城國王，賜綵幣四十、大統曆三千。三年遣使往祀其山川，尋頒科舉詔於其國。

初，安南與占城搆兵，天子遣使諭解，而安南復相侵。四年，其王奉金葉表來朝，長尺餘，廣五寸，刻本國字。館人譯之，其意曰：「大明皇帝登大寶位，撫有四海，如天地覆載，日月照臨。阿荅阿者譬一草木爾，欽蒙遣使，以金印封爲國王，感戴忻悅，倍萬恒情。惟是安南用兵，侵擾疆域，殺掠吏民。伏願皇帝垂慈，賜以兵器及樂器、樂人，俾安南知我占城乃聲教所被，輸貢之地，庶不敢欺陵。」帝命禮部諭之曰：「占城、安南並事朝廷，同奉正朔，乃擅自搆兵，毒害生靈，既失事君之禮，又乖交鄰之道。已咨安南國王，令卽日罷兵。本國亦宜講信修睦，各保疆土。所請兵器，於王何吝，但兩國互搆而賜占城，是助爾相攻，甚非撫安之義。樂器、樂人，語音殊異，難以遣發。爾國有曉華言者，其選擇以來，當令肄習。」因命福建省臣勿徵其稅，示懷柔之意。

六年，貢使言：「海寇張汝厚、林福等自稱元帥，剽劫海上。國主擊破之，賊魁溺死，獲其舟二十艘、蘇木七萬斤，謹奉獻。」帝嘉之，命給賜加等。冬，遣使獻安南之捷。帝謂省臣曰：「去冬，安南言占城犯境；今年，占城謂安南擾邊，未審曲直。可遣人往諭，各罷兵息民，毋相侵擾。」十年與安南王陳煓大戰，煓敗死。十二年，貢使至都，中書不以時奏。帝切責丞相胡惟庸、汪廣洋，二人遂獲罪。遣官賜王大統曆及衣幣，令與安南修好罷兵。

十三年遣使賀萬壽節。帝聞其與安南水戰不利，賜敕諭曰：「曩者安南兵出，敗於占城。占城乘勝入安南，安南之辱已甚。王能保境息民，則福可長享；如必驅兵苦戰，勝負不可知，而鷸蚌相持，漁人得利，他日悔之，不亦晚乎。」

十六年貢象牙二百枝及方物。遣官賜以勘合、文册及織金文綺三十二、磁器萬九千。十九年遣子寶部領詩那日忽來朝，賀萬壽節，獻象五十四，皇太子亦有獻。帝嘉其誠，賜賚優渥，命中官送還。明年復貢象五十一及伽南、犀角諸物，帝加宴賚。還至廣東，復命中官宴餞，給道里費。

眞臘貢象，占城王奪其四之一，其他失德事甚多。帝聞之，怒。二十一年夏，命行人董紹敕責之。紹未至，而其貢使抵京。尋復遣使謝罪，乃命宴賜如制。

時阿荅阿者失道，大臣閣勝懷不軌謀，二十三年弒王自立。明年遣太師奉表來貢，帝惡其悖逆，却之。三十年後，復連入貢。

成祖即位，詔諭其國。永樂元年，其王占巴的賴奉金葉表朝貢，且告安南侵掠，請降敕戒諭。帝可之，遣行人蔣賓興、王樞使其國，賜以絨、錦、織金文綺、紗羅。明年，以安南王胡𡚽奏，詔戢兵，遣官諭占城王。而王遣使奏：「安南不遵詔旨，以舟師來侵，朝貢人回，賜物悉遭奪掠。又畀臣冠服、印章，俾爲臣屬。且已據臣沙離牙諸地，更侵掠未已，臣恐不能自存。乞隸版圖，遣官往治。」帝怒，敕責胡查，而賜占城王鈔幣。

四年貢白象方物，復告安南之難。帝大發兵往討，敕占城嚴兵境上，遏其越逸，獲者即送京師。五年攻取安南所侵地，獲賊黨胡烈、潘麻休等獻俘闕下，貢方物謝恩。帝嘉其助兵討逆，遣中官王貴通齎敕及銀幣賜之。

六年，鄭和使其國。王遣其孫舍楊該貢象及方物謝恩。十年，其貢使乞冠帶，予之，復命鄭和使其國。

十三年，王師方征陳季擴，命占城助兵。尚書陳洽言：「其王陰懷二心，愆期不進，反以金帛、戰象資季擴，季擴以黎蒼女遺之，復約季擴舅陳翁挺侵升華府所轄四州十一縣地。厥罪維均，宜遣兵致討。」帝以交阯初平，不欲勞師，但賜敕切責，俾還侵地，王即遣使謝罪。十六年，遣其孫舍那挫來朝。命中官林貴、行人倪俊送歸，有賜。

宣德元年，行人黃原昌往頒正朔，繩其王不恪，卻所酬金幣以歸，擢戶部員外郎。

正統元年，瓊州知府程瑩言：「占城比年一貢，勞費實多。乞如暹羅諸國例，三年一貢。」帝是之，敕其使如瑩言，賜王及妃綵幣。然番人利中國市易，雖有此令，迄不遵。

六年，王占巴的賴卒，其孫摩訶賁該以遺命遣王孫述提昆來朝貢，〔一〕且乞嗣位。乃遣給事中管瞳、〔三〕行人吳惠齎詔，封爲王，新王及妃並有賜。七年春，迦提昆卒於途，帝憫之，遣官賜祭。八年遣從子且揚樂催貢舞牌旗黑象。

十一年勑諭摩訶賁該曰：「邇者，安南王黎濬遣使奏王欺其孤幼，曩已侵升、華、思、義四州，今又屢攻化州，掠其人畜財物。二國俱受朝命，各有分疆，豈可興兵搆怨，乖睦隣保境之義。王宜祗循禮分，嚴飭邊臣，毋恣肆侵軼，貽禍生靈。」幷諭安南嚴行備禦，毋挾私報復。先是，定三年一貢之例，其國不遵。及詰其使者，則云：「先王已逝，前勑無存，故不知此令。」是歲，貢使復至，再勑王遵制，賜王及妃綵幣。冬復遣使來貢。

十二年，王與安南戰，大敗被執。故王占巴的賴姪摩訶貴來遣使奏：「先王抱疾，曾以臣爲世子，欲令嗣位。臣時年幼，遜位於舅氏摩訶賁該。後屢興兵伐安南，致敵兵入舊州古壘等處，殺掠人畜殆盡，王亦被擒。國人以臣先王之姪，且有遺命，請臣代位。辭之再三，不得已始於府前治事。臣不敢自專，伏候朝命。」乃遣給事中陳誼、行人薛幹封爲王，諭以保國交鄰，幷諭國中臣民共相輔翼。十三年勑安南送摩訶賁該還國，不奉命。

景泰三年遣使來貢，〔三〕且告王訃。命給事中潘本愚、行人邊永封其弟摩訶貴由爲王。天順元年入貢，賜其正副使鈒花金帶。二年，王摩訶槃羅悅新立，遣使奉表朝貢。四年復貢，自正使以下賜紗帽及金銀角帶有差。使者訴安南見侵，因勑諭安南王。九月，使來，告王喪。命給事中黃汝霖、行人劉恕封王弟槃羅茶全爲王。

八年入貢。憲宗嗣位，應頒賜蕃國錦幣，禮官請付使臣齎回，從之。使者復訴安南見侵，求索白象。乞如永樂時，遣官安撫，建立界牌石，以杜侵陵。兵部以兩國方爭，不便遣使，乞令使臣歸諭國王，務循禮法，固封疆，捍外侮，毋輕搆禍，從之。

成化五年入貢。時安南索占城犀象、寶貨，令以事天朝之禮事之。占城不從，大舉往伐。七年破其國，執王槃羅茶全及家屬五十餘人，劫印符，大肆焚掠，遂據其地。王弟槃羅茶悅逃山中，遣使告難。兵部言：「安南吞幷與國，若不爲處分，非惟失占城歸附之心，抑恐啓安南跋扈之志。宜遣官齎敕宣諭，還其國王及眷屬。」帝慮安南逆命，令俟貢使至日，賜敕責之。

八年，以槃羅茶悅請封，命給事中陳峻、行人李珊持節往。峻等至新州港，守者拒之，知其國已爲安南所據，改爲交南州，乃不敢入。十年冬還朝。

安南既破占城，復遣兵執槃羅茶悅，立前王孫齋亞麻弗菴爲王，以國南邊地予之。十四年，遣使朝貢請封，命給事中馮義、行人張瑾往封之。義等多攜私物，既至廣東，聞齋亞麻弗菴已死，其弟古來遣使乞封。義等慮空還失利，亟至占城。占城人言，王孫請封之後，即爲古來所殺，安南以僞敕立其國人提婆苔爲王。義等不俟奏報，輒以印幣授提婆苔封之，得所賂黃金百餘兩，又往滿刺加國盡貨其私物以歸。義至海洋病死。瑾具其事，幷上僞敕於朝。

十七年，古來遣使朝貢，言：「安南破臣國時，故王弟槃羅茶悅逃居佛靈山。比天使齎封誥至，已爲賊人執去，臣與兄齋亞麻弗菴潛竄山谷。後賊人畏懼天威，遣人訪覓臣兄，還以故地。然自邦都郎至占臘止五處，臣兄權國未幾，遽爾隕歿。臣當嗣立，不敢自專，仰望天恩，賜之册印。臣國所有土地本二十七處，四府、一州、二十二縣。東至海，南至占臘，西至黎人山，北至阿本喇補，凡三千五百餘里。乞特諭交人，盡還本國。」章下廷議，英國公張懋等請特遣近臣有威望者二人往使。時安南貢使方歸，卽賜敕詰責黎灝，令速還地，毋抗朝命。禮官乃劾瑾擅封，執下詔獄，具得其情，論死。時古來所遣使臣在館，召問之，云：「古來實王弟，其王病死，非弑。提婆苔不知何人。」乃命使臣暫歸廣東，俟提婆苔使至，審誠僞處之。使臣候命經年，提婆苔使者不至，乃令還國。

二十年敕古來撫諭提婆苔，使納原降國王印，宥其受僞封之罪，仍爲頭目。提婆苔不受命，乃遣給事中李孟暘、行人葉應册封古來爲國王。孟暘等言：「占城險遠，安南搆兵未已，提婆苔又竊據其地，稍或不愼，反損國威。宜令來使傳諭古來，詣廣東受封，幷敕安南悔禍。」從之。古來乃自老撾挈家赴崖州，孟暘竣封事而返。古來又欲躬詣闕廷，奏安南之罪。二十三年，總督宋旻以聞。廷議遣大臣一人往勞，檄安南存亡繼絕，迎古來返占城。帝報可，命南京右都御史屠滽往。至廣東，卽傳檄安南，宣示禍福。募健卒二千人，駕海舟二十艘，護古來還國。安南以滽大臣奉特遣，不敢抗，古來乃得入。

明年，弘治改元，遣使入貢。二年遣弟卜古良赴廣東，言：「安南仍肆侵陵，乞如永樂時遣將督兵守護。」總督秦紘等以聞。兵部言：「安南、占城皆祖訓所載不征之國。永樂間命將出師，乃正黎賊弒逆之罪，非以隣境交惡之故。今黎灝修貢惟謹，古來膚受之愬，容有過情，不可信其單詞，勞師不征之國。宜令守臣回咨，言近交人殺害王子古蘇麻，王卽率衆敗之，仇恥已雪。王宜自强修政，撫䘏國人，保固疆圉，仍與安南敦睦修好。其餘嫌細故，悉宜捐除。倘不能自强，專藉朝廷發兵渡海，代王守國，古無是理。」帝如其言。三年遣使謝恩。其國自殘破後，民物蕭條，貢使漸稀。

十二年遣使奏：「本國新州港之地，仍爲安南侵奪，患方未息。臣年已老，請及臣未死，命長子沙古卜洛襲封，庶他日可保國土。」廷議：「安南爲占城患，已非一日。朝廷嘗因占城之愬，累降璽書，曲垂誨諭。安南前後奏報，皆言祇承朝命，土地人民，悉已退還。然安南辨釋之語方至，而占城控訴之詞又聞，恐眞有不獲已之情。宜仍令守臣切諭安南，毋貪人土地，自貽禍殃，否則議遣偏師往問其罪。至占城王長子，無父在襲封之理。請令先立爲世子攝國事，俟他日當襲位時，如例請封。」帝報允。尋遣王孫沙不登古魯來貢。

十八年，古來卒。子沙古卜洛遣使來貢，不告父喪，但乞命大臣往其國，仍以新州港諸地封之。別有占奪方輿之奏，微及父卒事。給事中任良弼等言：「占城前因國土削弱，假貢乞封，仰仗天威，讋伏隣國。其實國王之立不立，不係朝廷之封不封也。今稱古來已歿，虛實難知。萬一我使至彼，古來尚存，將遂封其子乎？抑義不可而已乎？迫脅之間，事極難處。如往時科臣林霄之使滿剌加，不肯北面屈膝，幽餓而死，迄不能問其罪。君命國威，不可不慎。大都海外諸蕃，無事則廢朝貢而自立，有事則假朝貢而請封。今者貢使之來，豈急於求封，不過欲復安南之侵地，還粵東之逃人耳。夫安南侵地，璽書屢諭歸還，占據如故。今若再諭，彼將玩視之，天威褻矣。倘我使往封占城，覊留不遣，求爲處分，朝廷將何以應。又或拘我使者，令索逃人，是以天朝之貴臣，質於海外之蠻邦。宜如往年古來就封廣東事，令其領敕歸國，於計爲便。」禮部亦以古來存亡未明，請令廣東守臣移文占城勘報，從之，既而封事久不行。

正德五年，〔四〕沙古卜洛遣叔父沙係把麻入貢，因請封。命給事中李貫、行人劉廷瑞往。貫抵廣東憚行，請如往年古來故事，令其使臣領封。廷議：「遣官已二年，今若中止，非興滅繼絕義。倘其使不願領封，或領歸而受非其人，重起事端，益傷國體，宜令貫等亟往。」貫終憚行，以乏通事、火長爲詞。廷議令廣東守臣采訪其人，如終不得，則如舊例行。貫復設詞言：「臣奉命五載，似憚風波之險，殊不知占城自古來被逐後，竄居赤坎邦都郎，國非舊疆，勢不可往。況古來乃前王齋亞麻弗菴之頭目，殺王而奪其位。王有三子，其一尚存，義又不可。律以春秋之法，雖不興問罪之師，亦必絕朝貢之使。奈何又爲采訪之議，徒延歲月，於事無益。」廣東巡按丁楷亦附會具奏，廷議從之。十年令其使臣齎敕往，自是遂爲故事，其國貢使亦不常至。

嘉靖二十二年遣王叔沙不登古魯來貢，訴數爲安南侵擾，道阻難歸。乞遣官護送還國，報可。

其國無霜雪，四時皆似夏，草木常青。民以漁爲業，無二麥，力穡者少，故收穫薄。國人皆食檳榔，終日不離口。不解朔望，但以月生爲初，月晦爲盡，不置閏。分晝夜爲十更，非日中不起，非夜分不臥，見月則飲酒、歌舞爲樂。無紙筆，用羊皮槌薄熏黑，削細竹蘸白灰爲字，狀若蚯蚓。有城郭甲兵，人性狠而狡，貿易多不平。戶皆北向，民居悉覆茅檐，高不得過三尺。部領分差等，門高卑亦有限。飲食穢汚，魚非腐爛不食，釀不生蛆不爲美。人體黑，男蓬頭，女椎結，俱跣足。

王，瑣里人，崇釋教。歲時采生人膽入酒中，與家人同飲，且以浴身，曰「通身是膽」。其國人采以獻王，又以洗象目。每伺人於道，出不意急殺之，取膽以去。若其人驚覺，則膽已先裂，不足用矣。置衆膽於器，華人膽輒居上，故尤貴之。五六月間，商人出，必戒備。王在位三十年，則避位入深山，以兄弟子姪代，而己持齋受戒，告於天曰：「我爲君無道，願狼虎食我，或病死。」居一年無恙，則復位如初。國中呼爲「昔嚟馬哈剌」，乃至尊至聖之稱也。

國不甚富，惟犀象最多。烏木、降香，樵以爲薪。棋楠香獨產其地一山，酋長遣人守之，民不得采，犯者至斷手。

有鱷魚潭，獄疑不決者，令兩造騎牛過其旁，曲者，魚輒躍而食之，直者，卽數往返，不食也。有尸頭蠻者，一名屍致魚，本婦人，惟無瞳神爲異。夜中與人同寢，忽飛頭食人穢物，來卽復活。若人知而封其頸，或移之他所，其婦卽死。國設厲禁，有而不告者，罪及一家。

賓童龍國，與占城接壤。或言如來入舍衛國乞食，卽其地。氣候、草木、人物、風土，大類占城，惟遭喪能持服，葬以僻地，設齋禮佛，婚姻偶合。酋出入乘象或馬，從者百餘人，前後讚唱。民編茅覆屋。貨用金、銀、花布。

有崑崙山，節然大海中，與占城及東、西竺鼎峙相望。其山方廣而高，其海卽曰崑崙洋。諸往西洋者，必待順風，七晝夜始得過，故舟人爲之諺曰：「上怕七州，下怕崑崙，針迷舵失，人船莫存。」此山無異產。

人皆穴居巢處，食果實魚蝦，無室廬井竈。

眞臘，在占城南，順風三晝夜可至。隋、唐及宋皆朝貢。宋慶元中，滅占城而并其地，因改國名曰占臘。元時仍稱眞臘。

洪武三年遣使臣郭徵等齎詔撫諭其國。四年，其國巴山王忽爾那遣使進表，貢方物，賀明年正旦。詔賜大統曆及綵幣，使者亦給賜有差。六年進貢。十二年，王參答甘武者持達志遣使來貢，宴賜如前。十三年復貢。十六年遣使齎勘合文册賜其王。凡國中使至，勘合不符者，卽屬矯僞，許縶縛以聞。復遣使賜織金文綺三十二、磁器萬九千。其王遣使來貢。十九年遣行人劉敏、唐敬偕中官齎磁器往賜。明年，敬等還，王遣使貢象五十九、香六萬斤。尋遣使賜其王鍍金銀印，王及妃皆有賜。其王參烈寶毘邪甘菩者遣使貢象及方物。明年復貢象二十八、象奴三十四人、番奴四十五人，謝賜印之恩。二十二年三貢。明年復貢。

永樂元年遣行人蔣賓興、王樞以卽位詔諭其國。明年，王參烈婆毗牙遣使來朝，貢方物。初，中官使眞臘，有部卒三人潛遁，索之不得，王以其國三人代之，至是引見。帝曰：「華人自逃，於彼何預而責償？且語言不通，風土不習，吾焉用之？」命賜衣服及道里費，遣還。三年遣使來貢，告故王之喪。命鴻臚序班王孜致祭，給事中畢進、中官王琮齎詔封其嗣子參烈昭平牙爲王。進等還，嗣王遣使偕來謝恩。六年、十二年再入貢。使者以其國數被占城侵擾，久留不去。帝遣中官送之還，幷敕占城王罷兵修好。十五年、十七年並入貢。宣德、景泰中，亦遣使入貢。自後不常至。

其國城隍周七十餘里，幅員廣數千里。國中有金塔、金橋、殿宇三十餘所。王歲時一會，羅列玉猿、孔雀、白象、犀牛於前，名曰百塔洲。盛食以金盤、金椀，故有「富貴眞臘」之諺。民俗富饒。天時常熱，不識霜雪，禾一歲數稔。男女椎結，穿短衫，圍梢布。刑有劓、刖、刺配，盜則去手足。番人殺唐人罪死；唐人殺番人則罰金，無金則鬻身贖罪。唐人者，諸番呼華人之稱也，凡海外諸國盡然。婚嫁，兩家俱八日不出門，晝夜燃燈。〔五〕人死置於野，任烏鳶食，俄頃食盡者，謂爲福報。居喪，但髡其髮，女子則額上翦髮如錢大，曰用此報親。文字以麂鹿雜皮染黑，用粉爲小條畫於上，永不脫落。以十月爲歲首，閏悉用九月。夜分四更。亦有曉天文者，能算日月薄蝕。其地謂儒爲班詰，僧爲苧姑，道爲八思。班詰不知讀何書，由此入仕者爲華貫。先時項掛一白線以自別，既貴曳白如故。俗尚釋教，僧皆食魚、肉，或以供佛，惟不飲酒。其國自稱甘孛智，後訛爲甘破蔗，萬曆後又改爲柬埔寨。

暹羅，在占城西南，順風十晝夜可至，卽隋、唐赤土國。後分爲羅斛、暹二國。暹土瘠不宜稼，羅斛地平衍，種多穫，暹仰給焉。元時，暹常入貢。其後，羅斛强，併有暹地，遂稱暹羅斛國。

洪武三年命使臣呂宗俊等齎詔諭其國。四年，其王參烈昭毘牙遣使奉表，與宗俊等偕來，貢馴象、六足龜及方物，詔賜其王錦綺及使者幣帛有差。已，復遣使賀明年正旦，詔賜大統曆及綵幣。五年貢黑熊、白猿及方物。明年復來貢。其王之姊參烈思寧別遣使進金葉表，貢方物於中宮，却之。已而其姊復遣使來貢，帝仍却之，而宴賚其使。時其王懦而不武，國人推其伯父參烈寶毘邪嗯哩哆囉祿主國事，遣使來告，貢方物，宴賚如制。已而新王遣使來貢、謝恩，其使者亦有獻，帝不納。已，遣使賀明年正旦，貢方物，且獻本國地圖。

七年，使臣沙里拔來貢。言去年舟次烏猪洋，遭風壞舟，飄至海南，賴官司救護，尚存飄餘兜羅綿、降香、蘇木諸物進獻，廣東省臣以聞。帝怪其無表，既言舟覆，而方物乃有存者，疑其爲番商，命却之。諭中書及禮部臣曰：「古諸侯於天子，比年一小聘，三年一大聘。九州之外，則每世一朝，所貢方物，表誠敬而已。惟高麗頗知禮樂，故令三年一貢。他遠國，如占城、安南、西洋瑣里、爪哇、浡泥、三佛齊、暹羅斛、眞臘諸國，入貢既頻，勞費太甚。今不必復爾，其移牒諸國俾知之。」然而來者不止。其世子蘇門邦王昭祿羣膺亦遣使上箋於皇太子，貢方物。命引其使朝東宮，宴賚遣之。八年再入貢。其舊明臺王世子昭孛羅局亦遣使奉表朝貢，宴賚如王使。

十年，昭祿羣膺承其父命來朝。帝喜，命禮部員外郎王恒等齎詔及印賜之，文曰「暹羅國王之印」，幷賜世子衣幣及道里費。自是，其國遵朝命，始稱暹羅；比年一貢，或一年兩貢。至正統後，或數年一貢云。

十六年賜勘合文册及文綺、磁器，與眞臘等。二十年貢胡椒一萬斤、蘇木一萬斤。〔六〕帝遣官厚報之。時溫州民有市其沉香諸物者，所司坐以通番，當棄市。帝曰：「溫州乃暹羅必經之地，因其往來而市之，非通番也。」乃獲宥。二十一年貢象三十、番奴六十。二十二年，世子昭祿羣膺遣使來貢。二十三年貢蘇木、胡椒、降香十七萬斤。

二十八年，昭祿羣膺遣使朝貢，且告父喪。命中官趙達等往祭，敕世子嗣王位，賜賚有加。諭曰：「朕自卽位以來，命使出疆，周於四維，足履其境者三十六，聲聞於耳者三十一，〔七〕風殊俗異。大國十有八，小國百四十九，較之於今，暹羅最近。邇者使至，知爾先王已逝。王紹先王之緒，有道於邦家，臣民懽懌。茲特遣人錫命，王其罔失法度，罔淫於樂，以光前烈。欽哉。」

成祖卽位，詔諭其國。永樂元年賜其王昭祿羣膺哆囉諦剌駝紐鍍金銀印，其王卽遣使謝恩。六月，以上高皇帝尊謚，遣官頒詔，有賜。八月復命給事中王哲、行人成務賜其王錦綺。九月命中官李興等齎敕，勞賜其王，其文武諸臣並有賜。

二年有番船飄至福建海岸，詰之，乃暹羅與琉球通好者。所司籍其貨以聞，帝曰：「二國修好，乃甚美事，不幸遭風，正宜憐惜，豈可因以爲利。所司其治舟給粟，俟風便遣赴琉球。」是月，其王以帝降璽書勞賜，遣使來謝，貢方物。賜賚有加，并賜列女傳百冊。使者請頒量衡爲國永式，從之。

先是，占城貢使返，風飄其舟至彭亨，暹羅索取其使，羈留不遣。蘇門答剌及滿剌加又訴暹羅恃强發兵奪天朝所賜印誥。帝降敕責之曰：「占城、蘇門答剌、滿剌加與爾俱受朝命，安得逞威拘其貢使，奪其誥印。天有顯道，福善禍淫，安南黎賊可爲鑒戒。其卽返占城使者，還蘇門答剌、滿剌加印誥。自今奉法循理，保境睦隣，庶永享太平之福。」時暹羅所遣貢使，失風飄至安南，盡爲黎賊所殺，止餘孛黑一人。後官軍征安南，獲之以歸。帝憫之，六年八月命中官張原送還國，賜王幣帛，令厚恤被殺者之家。九月，中官鄭和使其國，其王遣使貢方物，謝前罪。

七年，使來祭仁孝皇后，命中官告之几筵。時奸民何八觀等逃入暹羅，帝命使者還告其主，毋納逋逃。其王卽奉命遣使貢馬及方物，幷送八觀等還，命張原齎敕幣奬之。十年命中官洪保等往賜幣。

十四年，王子三賴波羅摩刺劄的賴遣使告父之喪。命中官郭文往祭，別遣官齎詔封其子爲王，賜以素錦、素羅，隨遣使謝恩。十七年命中官楊敏等護歸。以暹羅侵滿刺加，遣使責令輯睦，王復遣使謝罪。宣德八年，王悉里麻哈賴遣使朝貢。

初，其國陪臣柰三鐸等貢舟次占城新州港，盡爲其國人所掠。正統元年，柰三鐸潛附小舟來京，訴占城劫掠狀。帝命召占城使者與相質。使者無以對，乃敕占城王，令盡還所掠人物。已，占城移咨禮部言：「本國前歲遣使往須文達那，亦爲暹羅賊人掠去，必暹羅先還所掠，本國不敢不還。」三年，暹羅貢使又至，賜敕曉以此意，令亟還占城人物。十一年，王思利波羅麻那惹智剌遣使入貢。

景泰四年命給事中劉洙、行人劉泰祭其故王波羅摩剌劄的賴，封其嗣子把羅蘭米孫剌爲王。天順元年賜其貢使鈒花金帶。六年，王孛剌藍羅者直波智遣使朝貢。成化九年，貢使言天順元年所頒勘合，爲蟲所蝕，乞改給，從之。十七年，貢使還，至中途竊買子女，且多載私鹽，命遣官戒諭諸番。先是，汀州人謝文彬，以販鹽下海，飄入其國，仕至坤岳，猶天朝學士也。後充使來朝，貿易禁物，事覺下吏。

十八年遣使朝貢，且告父喪，命給事中林霄、行人姚隆往封其子國隆勃剌略坤息剌尤地爲王。弘治十年入貢。時四夷館無暹羅譯字官，閣臣徐溥等請移牒廣東，訪取能通彼國言語文字者，赴京備用，從之。正德四年，暹羅船有飄至廣東者，市舶中官熊宣與守臣議，稅其物供軍需。事聞，詔斥宣妄攬事柄，撤還南京。十年進金葉表朝貢，館中無識其字者。閣臣梁儲等請選留其使一二人入館肄習，報可。嘉靖元年，暹羅、占城貨船至廣東。市舶中官牛榮縱家人私市，論死如律。三十二年遣使貢白象及方物，象死於途，使者以珠寶飾其牙，盛以金盤，并尾來獻。帝嘉其意，厚遣之。

隆慶中，其隣國東蠻牛求婚不得，慙怒，大發兵攻破其國。王自經，擄其世子及天朝所賜印以歸。次子嗣位，奉表請印，予之。自是爲東蠻牛所制，嗣王勵志復仇。萬曆間，敵兵復至，王整兵奮擊，大破之，殺其子，餘衆宵遁，暹羅由是雄海上。移兵攻破眞臘，降其王。從此，歲歲用兵，遂霸諸國。

六年遣使入貢。二十年，日本破朝鮮，暹羅請濳師直擣日本，牽其後。中樞石星議從之，兩廣督臣蕭彥持不可，乃已。其後，奉貢不替。崇禎十六年猶入貢。

其國，周千里，風俗勁悍，習於水戰。大將用聖鐵裹身，刀矢不能入。聖鐵者，人腦骨也。王，瑣里人。官分十等。自王至庶民，有事皆決於其婦。其婦人志量，實出男子上。婦私華人，則夫置酒同飲，恬不爲怪，曰：「我婦美，而爲華人所悅也。」崇信釋教，男女多爲僧尼，亦居菴寺，持齋受戒。衣服頗類中國。富貴者，尤敬佛，百金之產，即以其半施之。氣候不正，或寒或熱，地卑濕，人皆樓居。男女椎結，以白布裹首。富貴者死，用水銀灌其口而葬之。貧者則移置海濱，即有羣鴉飛啄，俄頃而盡，家人拾其骨號泣而棄之於海，謂之鳥葬。亦延僧設齋禮佛。交易用海𧴩。是年不用𧴩，則國必大疫。其貢物，有象、象牙、犀角、孔雀尾、翠羽、龜筒、六足龜、寶石、珊瑚、片腦、米腦、糠腦、腦油、腦柴、薔薇水、碗石、丁皮、阿魏、紫梗、藤竭、藤黃、硫黃、沒藥、烏爹泥、安息香、羅斛香、速香、檀香、黃熟香、降眞香、乳香、樹香、木香、丁香、烏香、胡椒、蘇木、肉荳蔻、白荳蔻、蓽茇、烏木、大楓子及撒哈剌、西洋諸布。其國有三寶廟，祀中官鄭和。

爪哇在占城西南。元世祖時，遣使臣孟琪往，黥其面。世祖大舉兵伐之，破其國而還。

洪武二年，太祖遣使以卽位詔諭其國。其使臣先奉貢於元，還至福建而元亡，因入居京師。太祖復遣使送之還，且賜以大統曆。三年以平定沙漠頒詔曰：「自古爲天下主者，視天地所覆載，日月所照臨，若遠若近，生人之類，莫不欲其安土而樂生。然必中國安，而後四方萬國順附。邇元君妥懽帖木兒，荒淫昏弱，志不在民。天下英雄，分裂疆宇。朕憫生民之塗炭，興舉義兵，攘除亂略。天下軍民共尊朕居帝位，國號大明，建元洪武。前年克取元都，四方底定。占城、安南、高麗諸國，俱來朝貢。今年遣將北征，始知元君已沒，獲其孫買的里八剌，封爲崇禮侯。朕倣前代帝王，治理天下，惟欲中外人民，各安其所。又慮諸蕃僻在遠方，未悉朕意，故遣使者往諭，咸使聞知。」九月，其王昔里八達剌蒲遣使奉金葉表來朝，貢方物，宴賚如禮。

五年又遣使隨朝使常克敬來貢，上元所授宣敕三道。八年又貢。十年，王八達那巴那務遣使朝貢。其國又有東、西二王，東蕃王勿院勞網結，西蕃王勿勞波務，各遣使朝貢。天子以其禮意不誠，詔留其使，已而釋還之。十二年，王八達那巴那務遣使朝貢。明年又貢。時遣使賜三佛齊王印綬，爪哇誘而殺之。天子怒，留其使月餘，將加罪，已，遣還，賜敕責之。十四年遣使貢黑奴三百人及他方物。明年又貢黑奴男女百人、大珠八顆、胡椒七萬五千斤。二十六年再貢。明年又貢。

成祖卽位，詔諭其國。永樂元年又遣副使聞良輔、行人甯善，賜其王絨、錦、織金文綺、紗羅。使者旣行，其西王都馬板遣使入賀，復命中官馬彬等賜以鍍金銀印。西王遣使謝賜印，貢方物。而東王孛令達哈亦遣使朝貢，請印，命遣官賜之。自後，二王並貢。

三年遣中官鄭和使其國。明年，西王與東王搆兵，東王戰敗，國被滅。適朝使經東王地，部卒入市，西王國人殺之，凡百七十人。西王懼，遣使謝罪。帝賜敕切責之，命輸黃金六萬兩以贖。六年再遣鄭和使其國。西王獻黃金萬兩，禮官以輸數不足，請下其使於獄。帝曰：「朕於遠人，欲其畏罪而已，寧利其金耶？」悉捐之。自後，比年一貢，或間歲一貢，或一歲數貢。中官吳賓、鄭和先後使其國。時舊港地有爲爪哇侵據者，滿剌加國王矯朝命索之。帝乃賜敕曰：「前中官尹慶還，〔八〕言王恭待敕使，有加無替。比聞滿剌加國索舊港之地，王甚疑懼。朕推誠待人，若果許之，必有敕諭，王何疑焉。小人浮詞，愼勿輕聽。」

十三年，其王改名揚惟西沙，遣使謝恩，貢方物。時朝使所攜卒有遭風飄至班卒兒國者，爪哇人珍班聞之，用金贖還，歸之王所。十六年，王遣使朝貢，因送還諸卒。帝嘉之，賜敕獎王，幷優賜珍班。自是，朝貢使臣大率每歲一至。

正統元年，使臣馬用良言：「先任八諦來朝，蒙恩賜銀帶。今爲亞烈，秩四品，乞賜金帶。」從之。閏六月遣古里、蘇門答剌、錫蘭山、柯枝、天方、加異勒、阿丹、忽魯謨斯、祖法兒、甘巴里、眞臘使臣偕爪哇使臣郭信等同往。賜爪哇敕曰：「王自我先朝，修職勿怠。朕今嗣服，復遣使來朝，意誠具悉。宣德時，有古里等十一國來貢，今因王使者歸，令諸使同往。王其加意撫卹，分遣還國，副朕懷遠之忱。」五年，使臣回，遭風溺死五十六人，存者八十三人，仍返廣東。命所司廩給，俟便舟附歸。

八年，廣東參政張琰言：「爪哇朝貢頻數，供億費煩，敝中國以事遠人，非計。」帝納之。其使還，賜敕曰：「海外諸邦，並三年一貢。王亦宜體恤軍民，一遵此制。」十一年復三貢，後乃漸稀。

景泰三年，王巴剌武遣使朝貢。天順四年，王都馬班遣使入貢。使者還至安慶，酗酒，與入貢番僧鬭，僧死者六人。禮官請治伴送行人罪，使者敕國王自治，從之。成化元年入貢。弘治十二年，貢使遭風舟壞，止通事一舟達廣東。禮官請敕所司，量予賜賚遣還，其貢物仍進京師，制可。自是貢使鮮有至者。

其國近占城，二十晝夜可至。元師西征，以至元二十九年十二月發泉州，明年正月卽抵其國，相去止月餘。宣德七年入貢，表書「一千三百七十六年」，蓋漢宣帝元康元年，乃其建國之始也。地廣人稠。性兇悍，男子無少長貴賤皆佩刀，稍忤輒相賊，故其甲兵爲諸蕃之最。字類瑣里，無紙筆，刻於茭葦葉。氣候常似夏，稻歲二稔。無几榻匕箸。人有三種：華人流寓者，服食鮮華；他國賈人居久者，亦尚雅潔；其本國人最汚穢，好啖蛇蟻虫蚓，與犬同寢食，狀黝黑，猱頭赤脚。崇信鬼道。殺人者避之三日卽免罪。父母死，舁至野，縱犬食之；不盡，則大戚，燔其餘。妻妾多燔以殉。

其國一名莆家龍，又曰下港，曰順塔。萬曆時，紅毛番築土庫於大澗東，佛郎機築於大澗西，歲歲互市。中國商旅亦往來不絕。其國有新村，最號饒富。中華及諸番商舶，輻輳其地，寶貨塡溢。其村主卽廣東人，永樂九年自遣使表貢方物。

闍婆，古曰闍婆達。宋元嘉時，始朝中國。唐曰訶陵，又曰社婆，其王居闍婆城，宋曰闍婆，皆入貢。洪武十一年，其王摩那駝喃遣使奉表，貢方物，其後不復至。或曰爪哇卽闍婆。然元史爪哇傳不言，且曰：「其風俗、物產無所考。」太祖時，兩國並時入貢，其王之名不同。或本爲二國，其後爲爪哇所滅，然不可考。

蘇吉丹，爪哇屬國，後訛爲思吉港。國在山中，止數聚落。酋居吉力石。其水濇，舟不可泊。商船但往饒洞，其地平衍，國人皆就此貿易。其與國有思魯瓦及猪蠻。猪蠻多盜，華人鮮至。

碟里，近爪哇。永樂三年遣使附其使臣來貢。其地尙釋教，俗淳少訟，物產甚薄。

日羅夏治，近爪哇。永樂三年遣使附其使臣入貢。國小，知種藝，無盜賊。亦尙釋教，所產止蘇木、胡椒。

三佛齊，古名干陀利。劉宋孝武帝時，常遣使奉貢。梁武帝時數至。宋名三佛齊，修貢不絕。

洪武三年，太祖遣行人趙述詔諭其國。明年，其王馬哈剌札八剌卜遣使奉金葉表，隨入貢黑熊、火雞、孔雀、五色鸚鵡、諸香、苾布、兜羅被諸物。詔賜大統曆及錦綺有差。戶部言其貨舶至泉州，宜徵稅，命勿徵。

六年，王怛麻沙那阿者遣使朝貢，又一表賀明年正旦。時其國有三王。七年，王麻那哈寶林邦遣使來貢。八年正月復貢。九月，王僧伽烈宇蘭遣使，隨招諭拂菻國朝使入貢。

九年，怛麻沙那阿者卒，子麻那者巫里嗣。明年遣使貢犀牛、黑熊、火雞、白猴、紅綠鸚鵡、龜筒及丁香、米腦諸物。使者言：「嗣子不敢擅立，請命於朝。」天子嘉其義，命使臣齎印，敕封爲三佛齊國王。時爪哇强，已威服三佛齊而役屬之，聞天朝封爲國王與己埒，則大怒，遣人誘朝使邀殺之。天子亦不能問罪，其國益衰，貢使遂絕。

三十年，禮官以諸蕃久缺貢，奏聞。帝曰：「洪武初，諸蕃貢使不絕。邇者安南、占城、眞臘、暹羅、爪哇、大琉球、三佛齊、浡泥、彭亨、百花、蘇門答剌、西洋等三十國，以胡惟庸作亂，三佛齊乃生間諜，紿我使臣至彼。爪哇王聞知，遣人戒飭，禮送還朝。由是商旅阻遏，諸國之意不通。惟安南、占城、眞臘、暹羅、大琉球朝貢如故，大琉球且遣子弟入學。凡諸蕃國使臣來者，皆以禮待之。我視諸國不薄，未知諸國心若何。今欲遣使爪哇，恐三佛齊中途沮之。聞三佛齊本爪哇屬國，可述朕意，移咨暹羅，俾轉達爪哇。」於是部臣移牒曰：「自有天地以來，卽有君臣上下之分，中國四裔之防。我朝混一之初，海外諸蕃，莫不來享。豈意胡惟庸謀亂，三佛齊遂生異心，紿我信使，肆行巧詐。我聖天子一以仁義待諸蕃，何諸蕃敢背大恩，失君臣之禮。倘天子震怒，遣一偏將將十萬之師，恭行天罰，易如覆手，爾諸蕃何不思之甚。我聖天子嘗曰：『安南、占城、眞臘、暹羅、大琉球皆修臣職，惟三佛齊梗我聲教。彼以蕞爾之國，敢倔强不服，自取滅亡。』爾暹羅恪守臣節，天朝眷禮有加，可轉達爪哇，令以大義告諭三佛齊，誠能省愆從善，則禮待如初。」

時爪哇已破三佛齊，據其國，改其名曰舊港，三佛齊遂亡。國中大亂，爪哇亦不能盡有其地，華人流寓者往往起而據之。有梁道明者，廣州南海縣人，久居其國。閩、粵軍民泛海從之者數千家，推道明爲首，雄視一方。會指揮孫鉉使海外，遇其子，挾與俱來。

永樂三年，成祖以行人譚勝受與道明同邑，命偕千戶楊信等齎敕招之。道明及其黨鄭伯可隨入朝，貢方物，受賜而還。

四年，舊港頭目陳祖義遣子士良，道明遣從子觀政並來朝。祖義，亦廣東人，雖朝貢，而爲盜海上，貢使往來者苦之。五年，鄭和自西洋還，遣人招諭之。祖義詐降，潛謀邀劫。有施進卿者，告於和。祖義來襲被擒，獻於朝，伏誅。時進卿適遣壻丘彥誠朝貢，命設舊港宣慰司，以進卿爲使，錫誥印及冠帶。自是，屢入貢。然進卿雖受朝命，猶服屬爪哇，其地狹小，非故時三佛齊比也。二十二年，進卿子濟孫告父訃，乞嗣職，許之。洪熙元年遣使入貢，訴舊印爲火燬，帝命重給。其後，朝貢漸稀。

嘉靖末，廣東大盜張璉作亂，官軍已報克獲。萬曆五年商人詣舊港者，見璉列肆爲蕃舶長，漳、泉人多附之，猶中國市舶官云。

其地爲諸蕃要會，在爪哇之西，順風八晝夜可至。轄十五洲，土沃宜稼。語云：「一年種穀，三年生金。」言收穫盛而貿金多也。俗富好淫。習於水戰，隣國畏之。地多水，惟部領陸居，庶民皆水居。編筏築室，繫之於樁。水漲則筏浮，無沉溺患。欲徙則拔樁去之，不費財力。下稱其上曰詹卑，猶國君也。後大酋所居，即號詹卑國，改故都爲舊港。初本富饒，自爪哇破滅，後漸致蕭索，商船鮮至。其他風俗、物產，具詳宋史。

校勘記

〔一〕其孫摩訶賁該以遺命遣王孫逑提昆來朝貢　其孫，指摩訶賁該爲占巴的賴之孫。下文又言摩訶賁該爲占巴的賴姪摩訶貴來之舅，卽摩訶賁該爲占巴的賴之妻弟，與作「其孫」不合。按英宗實錄卷一五六正統十二年七月己亥條、國榷卷二五頁一六一一及卷二六頁一七二五都稱占巴的賴姪摩訶貴來幼，遜國於舅摩訶賁該，疑作「其孫」誤。

〔二〕乃遣給事中管瞳　管瞳，英宗實錄卷八一正統六年七月丙午條、國榷卷二五頁一六一三作「舒瞳」。

〔三〕景泰三年遣使來貢　本書卷一一景帝紀繫於景泰四年。

〔四〕正德五年　原脫「正德」年號，據武宗實錄卷六六正德五年八月丙戌條補。

〔五〕晝夜燃燈　原脫「夜」字，據寰宇通志卷一一八眞臘國、殊域周咨錄卷八眞臘補。

〔六〕蘇木一萬斤　太祖實錄卷一八三洪武二十年七月乙巳條、國榷卷八頁六七四、殊域周咨錄卷八暹羅都作「蘇木十萬斤」。

〔七〕馨聞於耳者三十一　聞，原作「同」，據太祖實錄卷二四三洪武二十八年十二月戊午條改。

〔八〕前中官尹慶還　尹慶，原作「吳慶」，據本書卷三二五蘇門答剌傳、卷三二六古里傳改。

明史卷三百二十五

列傳第二百十三

外國六

浡泥　滿剌加　蘇門答剌　須文達那　蘇祿　西洋瑣里　瑣里

覽邦　淡巴　百花　彭亨一作湓亨又作彭坑　那孤兒　黎伐

南渤利　阿魯　柔佛　丁機宜　巴喇西　佛郎機　和蘭

浡泥，宋太宗時始通中國。洪武三年八月命御史張敬之、福建行省都事沈秩往使。自泉州航海，閱半年抵闍婆，又踰月至其國。王馬合謨沙傲慢不爲禮，秩責之，始下座拜受詔。時其國爲蘇祿所侵，頗衰耗，王辭以貧，請三年後入貢。秩曉以大義，王既許諾，其國素屬闍婆，闍婆人間之，王意中沮。秩折之曰：「闍婆久稱臣奉貢，爾畏闍婆，反不畏天朝邪？」乃遣使奉表箋，貢鶴頂、生玳瑁、孔雀、梅花大片龍腦、米龍腦、西洋布、降眞諸香。八月從敬之等入朝。表用金，箋用銀，字近回鶻，皆鏤之以進。帝喜，宴賚甚厚。八年命其國山川附祀福建山川之次。

永樂三年冬，其王麻那惹加那遣使入貢，乃遣官封爲國王，賜印誥、敕符、勘合、錦綺、綵幣。王大悅，率妃及弟妹子女陪臣泛海來朝。次福建，守臣以聞。遣中官往宴賚，所過州縣皆宴。六年八月入都朝見，帝獎勞之。王跪致詞曰：「陛下膺天寶命，統一萬方。臣遠在海島，荷蒙天恩，賜以封爵。自是國中雨暘時順，歲屢豐登，民無災厲，山川之間，珍奇畢露，草木鳥獸，亦悉蕃育。國中耆老咸謂此聖天子覆冒所致。臣願睹天日之表，少輸悃誠，不憚險遠，躬率家屬陪臣，詣闕獻謝。」帝慰勞再三，命王妃所進中宮箋及方物，陳之文華殿。王詣殿進獻畢，自王及妃以下悉賜冠帶、襲衣。帝乃饗王於奉天門，妃以下饗於他所，禮訖送歸會同館。禮官請王見親王儀，帝令準公侯禮。尋賜王儀仗、交椅、銀器、傘扇、銷金鞍馬、金織文綺、紗羅、綾絹衣十襲，餘賜賚有差。十月，王卒於館。帝哀悼，輟朝三日，遣官致祭，賻以繒帛。東宮親王皆遣祭，有司具棺槨、明器，葬之安德門外石子岡，樹碑神道。又建祠墓側，有司春秋祀以少牢，謚曰恭順。賜敕慰其子遐旺，命襲封國王。

遐旺與其叔父上言：「臣國歲供爪哇片腦四十斤，乞敕爪哇罷歲供，歲進天朝。臣今歸國，乞命護送，就留鎮一年，慰國人之望。并乞定朝貢期及傔從人數。」帝悉從之，命三年一貢，傔從惟王所遣，遂敕爪哇國免其歲供。王辭歸，賜玉帶一、金百兩、銀三千兩及錢鈔、錦綺、紗羅、衾褥、帳幔、器物，餘皆有賜。以中官張謙、行人周航護行。

初，故王言：「臣蒙恩賜爵，臣境土悉屬職方，乞封國之後山爲一方鎭。」新王復以爲言，乃封爲長寧鎭國之山。御製碑文，令謙等勒碑其上。其文曰：

上天佑啓我國家萬世無疆之基，誕命我太祖高皇帝全撫天下，休養生息，以治以敎，仁聲義問，薄極照臨，四方萬國，奔走臣服，充湊於廷。神化感動之機，其妙如此。朕嗣守鴻圖，率由典式。嚴恭祗畏，協和所統。無間內外，均視一體。遐邇綏寧，亦克承予意。

乃者浡泥國王，誠敬之至，知所尊崇，慕尙聲敎，益謹益虔，率其眷屬、陪臣，不遠數萬里，浮海來朝，達其志，通其欲，稽顙陳辭曰：「遠方臣妾，丕冒天子之恩，以養以息，既庶且安。思見日月之光，故不憚險遠，輒敢造廷。」又曰：「覆我者天，載我者地。使我有土地人民之奉，田疇邑井之聚，宮室之居，妻妾之樂，和味宜服，利用備器，以資其生，强罔敢侵，衆罔敢暴，實惟天子之賜。是天子功德所加，與天地並。然天仰則見，地蹐則履，惟天子遠而難見，誠有所不通。是以遠方臣妾，不敢自外，踰歷山海，躬詣闕廷，以伸其悃。」朕曰：「惟天，惟皇考，付予以天下，子養庶民。天與皇考，視民同仁，予其承天與皇考之德，惟恐弗堪，弗若汝言。」乃又拜手稽首曰：「自天子建元之載，臣國時和歲豐，山川之藏，珍寶流溢，草木之無葩蘤者皆華而實，異禽和鳴，走獸蹌舞。國之黃叟咸曰，中國聖人德化漸曁，斯多嘉應。臣土雖遠，實天子之氓，故奮然而來覲也。」朕觀其言文貌恭，動不踰則，悅喜禮教，脫略夷習，非超然卓異者不能。稽之載籍，自古遐遠之國，奉若天道，仰服聲教，身致帝廷者有之。至於舉妻子、兄弟、親戚、陪臣頓首稱臣妾於階陛之下者，惟浡泥國王一人；西南諸蕃國長，未有如王賢者。王之至誠貫於金石，達於神明，而令名傳於悠久，可謂有光顯矣。

茲特錫封王國中之山爲長寧鎮國之山，賜文刻石，以著王休，於昭萬年，其永無斁。系之詩曰：「炎海之墟，浡泥所處。煦仁漸義，有順無迕。慺慺賢王，惟化之慕。導以象胥，遹來奔赴。同其婦子、兄弟、陪臣，稽顙闕下，有言以陳。謂君猶天，遺以休樂，一視同仁，匪偏厚薄。顧茲鮮德，弗稱所云。浪舶風檣，實勞懇勤。稽古遠臣，順來怒趌。以躬或難，矧曰家室。王心亶誠，金石其堅。西南蕃長，疇與王賢。矗矗高山，以鎮王國。鑱文於石，懋昭王德。王德克昭，王國攸寧。於萬斯年，仰我大明。」

八年九月遣使從謙等入貢謝恩。明年復命謙賜其王錦綺、紗羅、綵絹凡百二十匹，其下皆有賜。十年九月，遐旺偕其母來朝。命禮官宴之會同館，光祿寺旦暮給酒饌。明日，帝饗之奉天門，王母亦有宴。越二日，再宴，賜王冠帶、襲衣，王母、王叔父以下，分賜有差。明年二月辭歸。賜金百，銀五百，鈔三千錠，錢千五百緡，錦四，綺帛紗羅八十，金織文繡、文綺衣各一，衾褥、幃幔、器物咸具。自十三年至洪熙元年四入貢，後貢使漸稀。

嘉靖九年，給事中王希文言：「暹羅、占城、琉球、爪哇、浡泥五國來貢，並道東莞。後因私攜賈客，多絕其貢。正德間，佛郎機闌入流毒，概行屏絕。曾未幾年，遽爾議復，損威已甚。」章下都察院，請悉遵舊制，毋許混冒。

萬曆中，其王卒，無嗣，族人爭立。國中殺戮幾盡，乃立其女爲王。漳州人張姓者，初爲其國那督，華言尊官也，因亂出奔。女主立，迎還之。其女出入王宮，得心疾，妄言父有反謀。女主懼，遣人按問其家，那督自殺。國人爲訟冤，女主悔，絞殺其女，授其子官。後雖不復朝貢，而商人往來不絕。

國統十四洲，在舊港之西，自占城四十日可至。初屬爪哇，後屬暹羅，改名大泥。華人多流寓其地。嘉靖末，閩、粵海寇遺孽逋逃至此，積二千餘人。萬曆時，紅毛番強商其境，築土庫以居。其入彭湖互市者，所攜乃大泥國文也。諸風俗、物產，具詳宋史。

滿剌加，在占城南。順風八日至龍牙門，又西行二日即至。或云即古頓遜，唐哥羅富沙。

永樂元年十月遣中官尹慶使其地，賜以織金文綺、銷金帳幔諸物。其地無王，亦不稱國，服屬暹羅，歲輸金四十兩爲賦。慶至，宣示威德及招徠之意。其酋拜里迷蘇剌大喜，遣使隨慶入朝貢方物，三年九月至京師。帝嘉之，封爲滿剌加國王，賜誥印、綵幣、襲衣、黃蓋，復命慶往。其使者言：「王慕義，願同中國列郡，歲效職貢，請封其山爲一國之鎭。」帝從之。製碑文，勒山上，末綴以詩曰：「西南巨海中國通，輸天灌地億載同。洗日浴月光景融，雨崖露石草木濃。金花寶鈿生青紅，有國於此民俗雍。王好善義思朝宗，願比內郡依華風。出入導從張蓋重，儀文裼襲禮虔恭。大書貞石表爾忠，爾國西山永鎭封。山君海伯翕扈從，〔一〕皇考陟降在彼穹。後天監視久彌隆，爾衆子孫萬福崇。」慶等再至，其王益喜，禮待有加。

五年九月遣使入貢。明年，鄭和使其國，旋入貢。九年，其王率妻子陪臣五百四十餘人來朝。抵近郊，命中官海壽、禮部郎中黃裳等宴勞，有司供張會同館。入朝奉天殿，帝親宴之，妃以下宴他所。光祿日致牲牢上尊，賜王金繡龍衣二襲、麒麟衣一襲，金銀器、帷幔衾裯悉具，妃以下皆有賜。將歸，賜王玉帶、儀仗、鞍馬，賜妃冠服。瀕行，賜宴奉天門，再賜玉帶、儀仗、鞍馬、黄金百、白金五百、鈔四十萬貫、錢二千六百貫、錦綺紗羅三百匹、帛千匹、渾金文綺二、金織通袖膝襴二；妃及子姪陪臣以下，宴賜有差。禮官餞於龍江驛，復賜宴龍潭驛。十年夏，其姪入謝。及辭歸，命中官甘泉偕往，旋又入貢。

十二年，王子母幹撒于的兒沙來朝，告其父訃。卽命襲封，賜金幣。嗣後，或連歲，或間歲入貢以爲常。

十七年，王率妻子陪臣來朝謝恩。及辭歸，訴暹羅見侵狀。帝爲賜敕諭暹羅，暹羅乃奉詔。二十二年，西里麻哈剌以父沒嗣位，率妻子陪臣來朝。

宣德六年遣使者來言：「暹羅謀侵本國，王欲入朝，懼爲所阻，欲奏聞，無能書者，令臣三人附蘇門答剌貢舟入訴。」帝命附鄭和舟歸國，因令和齎敕諭暹羅，責以輯睦鄰封，毋違朝命。初，三人至，無貢物，禮官言例不當賞。帝曰：「遠人越數萬里來愬不平，豈可無賜。」遂賜襲衣、綵幣，如貢使例。

八年，王率妻子陪臣來朝。抵南京，天已寒，命俟春和北上，別遣人齎敕勞賜王及妃。洎入朝，宴賚如禮。及還，有司爲治舟。王復遣其弟貢駝馬方物。時英宗已嗣位，而王猶在廣東。賜敕奬王，命守臣送還國。因遣古里、眞臘等十一國使臣，附載偕還。

正統十年，其使者請賜王息力八密息瓦兒丢八沙護國敕書及蟒服、傘蓋，以鎭服國人。

又言：「王欲親詣闕下，從人多，乞賜一巨舟，以便遠涉。」帝悉從之。

景泰六年，速魯檀無答佛哪沙貢馬及方物，請封爲王。詔給事中王暉往。已，復入貢，言所賜冠帶燬於火。命製皮弁服、紅羅常服及犀帶紗帽予之。

天順三年，王子蘇丹芒速沙遣使入貢，命給事中陳嘉猷等往封之。越二年，禮官言：「嘉猷等浮海二日，至烏猪洋，遇颶風，舟壞，飄六日至清瀾守禦所獲救。敕書無失，諸賜物悉沾水。乞重給，令使臣復往。」從之。

成化十年，給事中陳峻册封占城王，遇安南兵據占城不得入，以所齎物至滿剌加，諭其王入貢。其使者至，帝喜，賜敕嘉獎。十七年九月，貢使言：「成化五年，貢使還，飄抵安南境，多被殺，餘黥爲奴，幼者加宮刑。今已據占城地，又欲吞本國。本國以皆爲王臣，未敢與戰。」適安南貢使亦至，滿剌加使臣請與廷辯。兵部言事屬既往，不足深較。帝乃因安南使還，敕責其王，并諭滿剌加，安南復侵陵，卽整兵待戰。尋遣給事中林榮、行人黃乾亨册封王子馬哈木沙爲王。二人溺死，贈官賜祭，予廕，恤其家，餘敕有司海濱招魂祭，亦恤其家。復遣給事中張晟、行人左輔往。晟卒於廣東，命守臣擇一官爲輔副，以終封事。

正德三年，使臣端亞智等入貢。其通事亞劉，本江西萬安人蕭明舉，負罪逃入其國，賂大通事王永、序班張字，謀往淳泥索寶。而禮部吏侯永等亦受賂，僞爲符印，擾郵傳。還至廣東，明舉與端亞智輩爭言，遂與同事彭萬春等劫殺之，盡取其財物。事覺，逮入京。明舉凌遲，萬春等斬，王永減死罰米三百石，與張宇、侯永並戍邊，尚書白鉞以下皆議罰。劉瑾因此罪江西人，減其解額五十名，仕者不得任京職。

後佛郎機强，舉兵侵奪其地，王蘇端媽末出奔，遣使告難。時世宗嗣位，敕責佛郎機，令還其故土。諭暹羅諸國王以救災恤鄰之義，迄無應者，滿剌加竟爲所滅。時佛郎機亦遣使朝貢請封，抵廣東，守臣以其國素不列王會，羈其使以聞。詔予方物之直遣歸，後改名麻六甲云。

滿剌加所貢物有瑪瑙、珍珠、玳瑁、珊瑚樹、鶴頂、金母鶴頂、瑣服、白苾布、西洋布、撒哈剌、犀角、象牙、黑熊、黑猿、白麂、火雞、鸚鵡、片腦、薔薇露、蘇合油、梔子花、烏爹泥、沉香、速香、金銀香、阿魏之屬。

有山出泉流爲溪，土人淘沙取錫煎成塊曰斗錫。田瘠少收，民皆淘沙捕魚爲業。氣候朝熱暮寒。男女椎髻，身體黝黑，間有白者，唐人種也。俗淳厚，市道頗平。自爲佛郎機所破，其風頓殊。商舶稀至，多直詣蘇門答剌。然必取道其國，率被邀劫，海路幾斷。其自販於中國者，則直達廣東香山澳，接跡不絕云。

蘇門答剌，在滿剌加之西。順風九晝夜可至。或言卽漢條枝，唐波斯、大食二國地，西洋要會也。

成祖初，遣使以卽位詔諭其國。永樂二年遣副使聞良輔、行人甯善賜其酋織金文綺、絨錦、紗羅，招徠之。中官尹慶使爪哇，便道復使其國。三年，鄭和下西洋，復有賜。和未至，其酋宰奴里阿必丁已遣使隨慶入朝，貢方物。詔封爲蘇門答剌國王，賜印誥、綵幣、襲衣。遂比年入貢，終成祖世不絕。鄭和凡三使其國。

先是，其王之父與鄰國花面王戰，中矢死。王子年幼，王妻號於衆曰：「孰能爲我報讐者，我以爲夫，與共國事。」有漁翁聞之，率國人往擊，馘其王而還。王妻遂與之合，稱爲老王。旣而王子年長，潛與部領謀，殺老王而襲其位。老王弟蘇幹剌逃山中，連年率衆侵擾。十三年，和復至其國，蘇幹剌以頒賜不及已，怒，統數萬人邀擊。和勒部卒及國人禦之，大破賊衆，追至南渤利國，俘以歸。其王遣使入謝。

宣德元年遣使入賀。五年，帝以外蕃貢使多不至，遣和及王景弘遍歷諸國，頒詔曰：「朕恭膺天命，祗承太祖高皇帝、太宗文皇帝、仁宗昭皇帝大統，君臨萬邦，體祖宗之至仁，普輯寧於庶類。已大赦天下，紀元宣德。爾諸蕃國，遠在海外，未有聞知。兹遣太監鄭和、王景弘等齎詔往諭，其各敬天道，撫人民，共享太平之福。」凡歷二十餘國，蘇門答剌與焉。明年遣使入貢者再。八年貢麒麟。

九年，王弟哈利之漢來朝，卒於京。帝憫之，贈鴻臚少卿，賜誥，有司治喪葬，置守塚戶。時景弘再使其國，王遣弟哈尼者罕隨入朝。明年至，言王老不能治事，請傳位於子。乃封其子阿卜賽亦的爲國王，自是貢使漸稀。

成化二十二年，其使者至廣東，有司驗無印信勘合，乃藏其表於庫，却還其使。別遣番人輸貢物京師，稍有給賜。自後貢使不至。

迨萬曆間，國兩易姓。其時爲王者，人奴也。奴之主爲國大臣，握兵柄。奴桀黠，主使牧象，象肥。俾監魚稅，日以大魚奉其主。主大喜，俾給事左右。一日隨主入朝，見王尊嚴若神，主鞠躬惟謹，出謂主曰：「主何恭之甚？」主曰：「彼王也，焉敢抗。」曰：「主第不欲王爾，欲之，主即王矣。」主詫，叱退之。他日又進曰：「王左右侍衞少，主擁重兵出鎭，必入辭，請以奴從。主言有機事，乞屏左右，王必不疑。奴乘間刺殺之，奉主爲王，猶反掌耳。」主從之，奴果殺王，大呼曰：「王不道，吾殺之。吾主即王矣。敢異議者，齒此刃！」衆懾服不敢動，其主遂篡位，任奴爲心腹，委以兵柄。未幾，奴復殺主而代之。乃大爲防衞，拓其宮，建六門，不得闌入，雖勳貴不得帶刀上殿。出乘象，象駕亭而帷其外，如是者百餘，俾人莫測王所在。

其國俗頗淳，出言柔媚，惟王好殺。歲殺十餘人，取其血浴身，謂可除疾。貢物有寶石、瑪瑙、水晶、石青、回回青、善馬、犀牛、龍涎香、沉香、速香、木香、丁香、降眞香、刀、弓、錫、鎖服、胡椒、蘇木、硫黃之屬。貨舶至，貿易稱平。地本瘠，無麥有禾，禾一歲二稔。四方商賈輻輳。華人往者，以地遠價高，獲利倍他國。其氣候朝如夏，暮如秋，夏有瘴氣。婦人裸體，惟腰圍一布。其他風俗類滿剌加。篡弒後，易國名曰啞齊。

須文達那，洪武十六年，國王殊旦麻勒兀達盼遣使俺八兒來朝，貢馬二匹，幼苾布十五匹，隔著布、入的力布各二匹，花滿直地二，番緜紬直地二，兜羅緜二斤，撒刺八二箇，幼賴革著一箇，撒哈剌一箇，及薔薇水、沉香、降香、速香諸物。命賜王大統曆、綺羅、寶鈔，使臣襲衣。或言須文達那卽蘇門答剌，洪武時所更，然其貢物與王之名皆不同，無可考。

蘇祿，地近浡泥、闍婆。洪武初，發兵侵浡泥，大獲，以闍婆援兵至，乃還。

永樂十五年，其國東王巴都葛叭哈剌、西王麻哈剌叱葛剌麻丁、峒王妻叭都葛巴剌卜並率其家屬頭目凡三百四十餘人，浮海朝貢，進金鏤表文，獻珍珠、寶石、玳瑁諸物。禮之若滿剌加，尋並封爲國王。賜印誥、襲衣、冠帶及鞍馬、儀仗器物，其從者亦賜冠帶有差。居二十七日，三王辭歸。各賜玉帶一，黃金百，白金二千，羅錦文綺二百，帛三百，鈔萬錠，錢二千緡，金繡蟒龍、麒麟衣各一。東王次德州，卒於館。帝遣官賜祭，命有司營葬，勒碑墓道，謚曰恭定，留妻妾傔從十人守墓，俟畢三年喪遣歸。乃遣使賫敕諭其長子都馬含曰：「爾父知尊中國，躬率家屬陪臣，遠涉海道，萬里來朝。朕眷其誠悃，已錫王封，優加賜賚，遣官護歸。舟次德州，遭疾殞歿。朕聞之，深爲哀悼，已葬祭如禮。爾以嫡長，爲國人所屬，宜卽繼承，用綏藩服。今特封爾爲蘇祿國東王。爾尚益篤忠貞，敬承天道，以副眷懷，以繼爾父之志。欽哉。」

十八年，西王遣使入貢。十九年，東王母遣王叔叭都加蘇里來朝，貢大珠一，其重七兩有奇。二十一年，東王妃還國，厚賜遣之。明年入貢，自後不復至。萬曆時，佛郎機屢攻之，城據山險，迄不能下。

其國，於古無所考。地瘠寡粟麥，民率食魚蝦，煮海爲鹽，釀蔗爲酒，織竹爲布。氣候常熱。有珠池，夜望之，光浮水面。土人以珠與華人市易，大者利數十倍。商船將返，輒留數人爲質，冀其再來。其旁近國名高藥，出玳瑁。

西洋瑣里，洪武二年命使臣劉叔勉以卽位詔諭其國。三年平定沙漠，復遣使臣頒詔。其王別里提遣使奉金葉表，從叔勉獻方物。賜文綺、紗羅諸物甚厚，幷賜大統曆。成祖頒卽位詔於海外諸國，西洋亦與焉。永樂元年命副使聞良輔、行人甯善使其國，賜絨錦、文綺、紗羅。已復命中官馬彬往使，賜如前。其王卽遣使來貢，附載胡椒與民市。有司請徵稅，命勿徵。二十一年偕古里、阿丹等十五國來貢。

瑣里，近西洋瑣里而差小。洪武三年，命使臣塔海帖木兒齎詔撫諭其國。五年，王卜納的遣使奉表朝貢，幷獻其國土地山川圖。帝顧中書省臣曰：「西洋諸國素稱遠蕃，涉海而來，難計歲月。其朝貢無論疏數，厚往薄來可也。」乃賜大統曆及金織文綺、紗羅各四匹，使者亦賜幣帛有差。

覽邦，在西南海中。洪武九年，王昔里馬哈剌札的剌札遣使奉表來貢。詔賜其王織金文綺、紗羅，使者宴賜如制。永樂、宣德中，嘗附鄰國朝貢。其地多沙礫，麻麥之外無他種。商賈鮮至。山坦迤無峯巒，水亦淺濁。俗好佛，勤賽祀。厥貢，孔雀、馬、檀香、降香、胡椒、蘇木。交易用錢。

淡巴，亦西南海中國。洪武十年，其王佛喝思羅遣使上表，貢方物，賜賚有差。其國，石城瓦屋。王乘輿，官跨馬，有中國威儀。土衍水淸，草木暢茂，畜產甚夥。男女勤於耕織，市有貿易，野無寇盜，稱樂土焉。厥貢，苾布、兜羅緜被、沉香、速香、檀香、胡椒。

百花，居西南海中。洪武十一年，其王剌丁剌者望沙遣使奉金葉表，貢白鹿、紅猴、龜筒、玳瑁、孔雀、鸚鵡、哇哇倒掛鳥及胡椒、香、蠟諸物。詔賜王及使者綺、幣、襲衣有差。國中氣候恒燠，無霜雪，多奇花異卉，故名百花。民富饒，尙釋敎。

彭亨，在暹羅之西。洪武十一年，其王麻哈剌惹答饒遣使齎金葉表，貢番奴六人及方物，宴賚如禮。永樂九年，王巴剌密瑣剌達羅息泥遣使入貢。十年，鄭和使其國。十二年，復入貢。十四年，與古里、爪哇諸國偕貢，復令鄭和報之。

其國，土田沃，氣候常溫，米粟饒足，煮海爲鹽，釀椰漿爲酒。上下親狎，無寇賊。然惑於鬼神，刻香木爲像，殺人祭賽，以禳災祈福。所貢有象牙、片腦、乳香、速香、檀香、胡椒、蘇木之屬。

至萬曆時，有柔佛國副王子娶彭亨王女，將婚，副王送子至彭亨，彭亨王置酒，親戚畢會。婆羅國王子爲彭亨王妹壻，舉觴獻副王，而手指有巨珠甚美，副王欲之，許以重賄。王子靳不予，副王怒，卽歸國發兵來攻。彭亨人出不意，不戰自潰。王與婆羅王子奔金山。浡泥國王，王妃兄也，聞之，率衆來援。副王乃大肆焚掠而去。當是時，國中鬼哭三日，人民半死。浡泥王迎其妹歸，彭亨王隨之，而命其長子攝國。已，王復位，次子素凶悍，遂毒殺其父，弑其兄自立。

那孤兒，在蘇門答剌之西，壤相接。地狹，止千餘家。男子皆以墨刺面爲花獸之狀，故又名花面國。猱頭裸體，男女止單布圍腰。然俗淳，田足稻禾，强不侵弱，富不驕貧，悉自耕而食，無寇盜。永樂中，鄭和使其國。其酋長常入貢方物。

黎伐，在那孤兒之西。南大山，北大海，西接南渤利。居民三千家，推一人爲主。隸蘇門答剌，聲音風俗多與之同。永樂中，嘗隨其使臣入貢。

南渤利，在蘇門答剌之西。順風三日夜可至。王及居民皆回回人，僅千餘家。俗朴實，地少穀，人多食魚蝦。西北海中有山甚高大，曰帽山，其西復大海，名那沒黎洋，西來洋船俱望此山爲準。近山淺水內，生珊瑚樹，高者三尺許。永樂十年，其王馬哈麻沙，遣使附蘇門答剌使入貢。賜其使襲衣，賜王印誥、錦綺、羅紗、綵幣。遣鄭和撫諭其國。終成祖時，比年入貢，其王子沙者罕亦遣使入貢。宣德五年，鄭和遍賜諸國，南渤利亦與焉。

阿魯，一名啞魯，近滿剌加。順風三日夜可達。風俗、氣候，大類蘇門答剌。田瘠少收，盛藝芭蕉、椰子爲食。男女皆裸體，以布圍腰。永樂九年，王速魯唐忽先遣使附古里諸國入貢。賜其使冠帶、綵幣、寶鈔，其王亦有賜。十年，鄭和使其國。十七年，王子段阿剌沙遣使入貢。十九年、二十一年，再入貢。宣德五年，鄭和使諸蕃，亦有賜。其後貢使不至。

柔佛，近彭亨，一名烏丁礁林。永樂中，鄭和遍歷西洋，無柔佛名。或言和曾經東西竺山，今此山正在其地，疑即東西竺。萬曆間，其酋好搆兵，鄰國丁機宜、彭亨屢被其患。華人販他國者多就之貿易，時或邀至其國。

國中覆茅爲屋，列木爲城，環以池。無事通商於外，有事則召募爲兵，稱強國焉。地不產穀，常易米於鄰壤。男子薙髮徒跣，佩刀，女子蓄髮椎結，其酋則佩雙刀。字用茇葦葉，以刀刺之。婚姻亦論門閥。王用金銀爲食器，羣下則用磁。無匕筯。俗好持齋，見星方食。

節序以四月爲歲首。居喪，婦人薙髮，男子則重薙，死者皆火葬。所產有犀、象、玳瑁、片腦、沒藥、血竭、錫、蠟、嘉文簟、木棉花、檳榔、海菜、窩燕、西國米、蒞吉柿之屬。

始其國吉寧仁爲大庫，忠於王，爲王所倚信。王弟以兄疏己，潛殺之。後出行墮馬死，左右咸見吉寧仁爲祟，自是家家祀之。

丁機宜，爪哇屬國也，幅員甚狹，僅千餘家。柔佛黠而雄，丁機宜與接壤，時被其患。後以厚幣求婚，稍獲寧處。其國以木爲城。酋所居，旁列鐘鼓樓，出入乘象。以十月爲歲首。性好潔，酋所食啖，皆躬自割烹。民俗類爪哇，物產悉如柔佛。酒禁甚嚴，有常稅。然大家皆不飲，維細民無籍者飲之，其曹偶咸非笑。婚者，男往女家持其門戶，故生女勝男。喪用火葬。華人往商，交易甚平。自爲柔佛所破，往者亦鮮。

巴喇西，去中國絕遠。正德六年遣使臣沙地白入貢，言其國在南海，始奉王命來朝，舟行四年半，遭風飄至西瀾海，舟壞，止存一小艇，又飄流八日，至得吉零國，居一年。至祕得，居八月。乃遵陸行，閱二十六日抵暹羅，以情告王，獲賜日給，且賜婦女四人，居四年。迄今年五月始附番舶入廣東，得達闕下。進金葉表，貢祖母綠一，珊瑚樹、琉璃瓶、玻璃盞各四，及瑪瑙珠、胡黑丹諸物。帝嘉其遠來，賜賚有加。」

佛郎機，近滿剌加。正德中，據滿剌加地，逐其王。十三年遣使臣加必丹末等貢方物，請封，始知其名。詔給方物之直，遣還。其人久留不去，剽劫行旅，至掠小兒爲食。已而夤緣鎮守中貴，許入京。武宗南巡，其使火者亞三因江彬侍帝左右。帝時學其語以爲戲。其留懷遠驛者，益掠買良民，築室立寨，爲久居計。

十五年，御史丘道隆言：「滿剌加乃敕封之國，而佛郎機敢併之，且啗我以利，邀求封貢，決不可許。宜却其使臣，明示順逆，令還滿剌加疆土，方許朝貢。倘執迷不悛，必檄告諸蕃，聲罪致討。」御史何鰲言：「佛郎機最凶狡，兵械較諸蕃獨精。前歲駕大舶突入廣東會城，礮聲殷地。留驛者違制交通，入都者桀驁爭長。今聽其往來貿易，勢必爭鬭殺傷，南方之禍殆無紀極。祖宗朝貢有定期，防有常制，故來者不多。近因布政吳廷舉謂缺上供香物，不問何年，來即取貨。致番舶不絕於海澨，蠻人雜遝於州城。禁防既疏，水道益熟。此佛郎機所以乘機突至也。乞悉驅在澳番舶及番人潛居者，禁私通，嚴守備，庶一方獲安。」疏下禮部，言：「道隆先宰順德，鰲卽順德人，故深晰利害。宜俟滿剌加使臣至，廷詰佛郎機侵奪鄰邦、擾亂內地之罪，奏請處置。其他悉如御史言。」報可。

亞三侍帝驕甚。從駕入都，居會同館。見提督主事梁焯，不屈膝。焯怒，撻之。彬大詬曰：「彼嘗與天子嬉戲，肯跪汝小官邪？」明年，武宗崩，亞三下吏。自言本華人，爲番人所使，乃伏法。絕其朝貢。其年七月，又以接濟朝使爲詞，攜土物求市。守臣請抽分如故事，詔復拒之。其將別都盧旣以巨礮利兵肆掠滿剌加諸國，橫行海上，復率其屬疎世利等駕五舟，擊破巴西國。

嘉靖二年遂寇新會之西草灣，指揮柯榮、百戶王應恩禦之。轉戰至稍州，向化人潘丁苟先登，衆齊進，生擒別都盧、疎世利等四十二人，斬首三十五級，獲其二舟。餘賊復率三舟接戰。應恩陣亡，賊亦敗遁。官軍得其礮，卽名爲佛郎機，副使汪鋐進之朝。九年秋，鋐累官右都御史，上言：「今塞上墩臺城堡未嘗不設，乃寇來輒遭蹂躪者，蓋墩臺止瞭望，城堡又無制遠之具，故往往受困。當用臣所進佛郎機，其小止二十斤以下，遠可六百步者，則用之墩臺。每墩用其一，以三人守之。其大至七十斤以上，遠可五六里者，則用之城堡。每堡用其三，以十人守之。五里一墩，十里一堡，大小相依，遠近相應，寇將無所容足，可坐收不戰之功。」帝悅，卽從之。火礮之有佛郎機自此始。然將士不善用，迄莫能制寇也。

初，廣東文武官月俸多以番貨代，至是貨至者寡，有議復許佛郎機通市者。給事中王希文力爭，乃定令，諸番貢不以時及勘合差失者，悉行禁止，由是番舶幾絕。巡撫林富上言：「粵中公私諸費多資商稅，番舶不至，則公私皆窘。今許佛郎機互市有四利。祖宗時諸番常貢外，原有抽分之法，稍取其餘，足供御用，利一。兩粵比歲用兵，庫藏耗竭，藉以充軍餉，備不虞，利二。粵西素仰給粵東，小有徵發，卽措辦不前，若番舶流通，則上下交濟，利三。小民以懋遷爲生，持一錢之貨，卽得展轉販易，衣食其中，利四。助國裕民，兩有所賴，此因民之利而利之，非開利孔爲民梯禍也。」從之。自是佛郎機得入香山澳爲市，而其徒又越境商於福建，往來不絕。

至二十六年，朱紈爲巡撫，嚴禁通番。其人無所獲利，則整衆犯漳州之月港、浯嶼。〔三〕副使柯喬等禦却之。二十八年又犯詔安。官軍迎擊於走馬溪，生擒賊首李光頭等九十六人，餘遁去。紈用便宜斬之，怨紈者御史陳九德遂劾其專擅。帝遣給事中杜汝禎往驗，言此滿刺加商人，歲招海濱無賴之徒，往來鬻販，無僭號流劫事，紈擅自行誅，誠如御史所劾。紈遂被逮，自殺。蓋不知滿刺加卽佛郎機也。

自紈死，海禁復弛，佛郎機遂縱橫海上無所忌。而其市香山澳、壕鏡者，至築室建城，雄踞海畔，若一國然，將吏不肖者反視爲外府矣。壕鏡在香山縣南虎跳門外。先是，暹羅、占城、爪哇、琉球、浡泥諸國互市，俱在廣州，設市舶司領之。正德時，移於高州之電白縣。嘉靖十四年，指揮黃慶納賄，請於上官，移之壕鏡，歲輸課二萬金，佛郎機遂得混入。高棟飛甍，櫛比相望，閩、粵商人趨之若鶩。久之，其來益衆。諸國人畏而避之，遂專爲所據。四十四年僞稱滿剌加入貢。已，改稱蒲都麗家。守臣以聞，下部議，言必佛郎機假託，乃却之。

萬曆中，破滅呂宋，盡擅閩、粵海上之利，勢益熾。至三十四年，又於隔水青州建寺，高六七丈，閎敞奇閟，非中國所有。知縣張大猷請毁其高墉，不果。明年，番禺舉人盧廷龍會試入都，請盡逐澳中諸番，出居浪白外海，還我壕鏡故地，當事不能用。番人既築城，聚海外雜番，廣通貿易，至萬餘人。吏其土者，皆畏懼莫敢詰，甚有利其寶貨，佯禁而陰許之者。總督戴燿在事十三年，養成其患。番人又潛匿倭賊，敵殺官軍。四十二年，總督張鳴岡檄番人驅倭出海，因上言：「粵之有澳夷，猶疽之在背也。澳之有倭賊，猶虎之傅翼也。今一旦驅斥，不費一矢，此聖天子威德所致。惟是倭去而番尚存，有謂宜剿除者，有謂宜移之浪白外洋就船貿易者，顧兵難輕動。而壕鏡在香山內地，官軍環海而守，彼日食所需，咸仰於我，一懷異志，我即制其死命。若移之外洋，則巨海茫茫，奸宄安詰，制禦安施。似不如申明約束，內不許一奸闌出，外不許一倭闌入，無啓釁，無弛防，相安無患之爲愈也。」部議從之。居三年，設參將於中路雍陌營，調千人戍之，防禦漸密。天啓元年，守臣慮其終爲患，遣監司馮從龍等毀其所築青州城，番亦不敢拒。

其時，大西洋人來中國，亦居此澳。蓋番人本求市易，初無不軌謀，中朝疑之過甚，迄不許其朝貢，又無力以制之，故議者紛然。然終明之世，此番固未嘗爲變也。其人長身高鼻，貓睛鷹嘴，拳髮赤鬚，好經商，恃强陵轢諸國，無所不往。後又稱干系臘國。所產多犀象珠貝。衣服華潔，貴者冠，賤者笠，見尊長輒去之。初奉佛教，後奉天主教。市易但伸指示數，雖累千金不立約契，有事指天爲誓，不相負。自滅滿剌加、巴西、呂宋三國，海外諸蕃無敢與抗者。

和蘭，又名紅毛番，地近佛郎機。永樂、宣德時，鄭和七下西洋，歷諸番數十國，無所謂和蘭者。其人深目長鼻，髮眉鬚皆赤，足長尺二寸，頎偉倍常。

萬曆中，福建商人歲給引往販大泥、呂宋及咬𠺕吧者，和蘭人就諸國轉販，未敢窺中國也。自佛郎機市香山，據呂宋，和蘭聞而慕之。二十九年駕大艦，攜巨礮，直薄呂宋。呂宋人力拒之，則轉薄香山澳。澳中人數詰問，言欲通貢市，不敢爲寇。當事難之。稅使李道卽召其酋入城，遊處一月，不敢聞於朝，乃遣還。澳中人慮其登陸，謹防禦，始引去。

海澄人李錦及奸商潘秀、郭震，久居大泥，與和蘭人習。語及中國事，錦曰：「若欲通貢市，無若漳州者。漳南有彭湖嶼，去海遠，誠奪而守之，貢市不難成也。」其酋麻韋郎曰：〔三〕「守臣不許，奈何？」曰：「稅使高寀嗜金銀甚，若厚賄之，彼特疏上聞，天子必報可，守臣敢抗旨哉。」酋曰：「善。」錦乃代爲大泥國王書，一移寀，一移兵備副使，一移守將，俾秀、震齎以來。守將陶拱聖大駭，亟白當事，繫秀於獄，震遂不敢入。初，秀與酋約，入閩有成議，當遣舟相聞，而酋卞急不能待，卽駕二大艦，直抵彭湖。時三十二年之七月。汛兵已撤，如入無人之墟，遂伐木築舍爲久居計。錦亦潛入漳州偵探，詭言被獲逃還，當事已廉知其狀，幷繫獄。已而議遣二人諭其酋還國，許以自贖，且拘震與俱。三人旣與酋成約，不欲自彰其失，第云「我國尙依違未定」。而當事所遣將校詹獻忠齎檄往諭者，乃多攜幣帛、食物，覬其厚酬。海濱人又潛載貨物往市，酋益觀望不肯去。當事屢遣使諭之，見酋語輒不競，愈爲所慢。而寀已遣心腹周之範詣酋，說以三萬金餽寀，卽許貢市，酋喜與之。盟已就矣，會總兵施德政令都司沈有容將兵往諭。有容負膽智，大聲論說，酋心折，乃曰：「我從不聞此言。」其下人露刃相詰，有容無所懾，盛氣與辨，酋乃悔悟，令之範還所贈金，止以哆囉嗹、玻璃器及番刀、番酒餽寀，乞代奏通市。寀不敢應，而撫、按嚴禁奸民下海，犯者必誅，由是接濟路窮，番人無所得食，十月末揚帆去。巡撫徐學聚劾秀、錦等罪，論死、遣戍有差。

然是時佛郎機橫海上，紅毛與爭雄，復汎舟東來，攻破美洛居國，與佛郎機分地而守。後又侵奪臺灣地，築室耕田，久留不去，海上奸民，闌出貨物與市。已，又出據彭湖，築城設守，漸爲求市計。守臣懼禍，說以毀城遠徙，卽許互市。番人從之，天啓三年果毀其城，移舟去。巡撫商周祚以遵諭遠徙上聞，然其據臺灣自若也。已而互市不成，番人怨，復築城彭湖，掠漁舟六百餘艘，俾華人運土石助築。尋犯厦門，官軍禦之，俘斬數十人，乃詭詞求款。再許毀城遠徙，而修築如故。已又泊舟風櫃仔，出沒浯嶼、白坑、東椗、莆頭、古雷、洪嶼、沙洲、甲洲間，要求互市。而海寇李旦復助之，濱海郡邑爲戒嚴。

其年，巡撫南居益初至，謀討之。上言：「臣入境以來，聞番船五艘續至，與風櫃仔船合，凡十有一艘，其勢愈熾。有小校陳士瑛者，先遣往咬𠺕吧宣諭其王，至三角嶼遇紅毛船，言咬𠺕吧王已往阿南國，因與士瑛偕至大泥，謁其王。王言咬𠺕吧國主已大集戰艦，議往彭湖求互市，若不見許，必至搆兵。蓋阿南卽紅毛番國，而咬𠺕吧、大泥與之合謀，必不可以理諭。爲今日計，非用兵不可。」因列上調兵足餉方略，部議從之。四年正月遣將先奪鎮海港而城之，且築且戰，番人乃退守風櫃城。居益增兵往助，攻擊數月，寇猶不退，乃大發兵，諸軍齊進。寇勢窘，兩遣使求緩兵，容運米入舟卽退去。諸將以窮寇莫追，許之，遂揚帆去。獨渠帥高文律等十二人據高樓自守，諸將破擒之，獻俘於朝。彭湖之警以息，而其據臺灣者猶自若也。

崇禎中，爲鄭芝龍所破，不敢窺內地者數年，乃與香山佛郎機通好，私貿外洋。十年駕四舶，由虎跳門薄廣州，聲言求市。其酋招搖市上，奸民視之若金穴，蓋大姓有爲之主者。當道鑒壕鏡事，議驅斥，或從中撓之。會總督張鏡心初至，力持不可，乃遁去。已，爲奸民李葉榮所誘，交通總兵陳謙爲居停出入。事露，葉榮下吏。謙自請調用以避禍，爲兵科淩義渠等所劾，坐逮訊。自是，奸民知事終不成，不復敢勾引，而番人猶據臺灣自若。

其本國在西洋者，去中華絕遠，華人未嘗至。其所恃惟巨舟大礮。舟長三十丈，廣六丈，厚二尺餘，樹五桅，後爲三層樓。旁設小牕置銅礮。桅下置二丈巨鐵礮，發之可洞裂石城，震數十里，世所稱紅夷礮，卽其製也。然以舟大難轉，或遇淺沙，卽不能動。而其人又不善戰，故往往挫衄。其所役使名烏鬼，入水不沉，走海面若平地。其柁後置照海鏡，大徑數尺，能照數百里。其人悉奉天主敎。所產有金、銀、琥珀、瑪瑙、玻璃、天鵝絨、瑣服、哆囉嗹。國土既富，遇中國貨物當意者，不惜厚資，故華人樂與爲市。

校勘記

〔一〕山君海伯翕扈從　山君，原作「山居」，據太宗實錄卷三八永樂三年十月壬午條改。

〔二〕漳州之月港浯嶼　按浯嶼屬泉州不屬漳州，見本書卷九一兵志及讀史方輿紀要卷九九。

〔三〕其酋麻韋郎曰　麻韋郎，本書卷二七〇沈有容傳作「韋麻郎」。

明史卷三百二十六

列傳第二百十四

外國七

古里　柯枝　小葛蘭大葛蘭　錫蘭山　榜葛剌　沼納樸兒
祖法兒　木骨都束　不剌哇　竹步　阿丹　剌撒　麻林
忽魯謨斯　溜山比剌　孫剌　南巫里　加異勒　甘巴里　急蘭丹
沙里灣泥　底里　千里達　失剌比　古里班卒　剌泥夏剌比
奇剌泥　窟察泥　捨剌齊　彭加那　八可意　烏沙剌踢　坎巴　阿哇　打回
白葛達黑葛達　拂菻　意大里亞

古里，西洋大國。西濱大海，南距柯枝國，北距狠奴兒國，東七百里距坎巴國。自柯枝舟行三日可至，自錫蘭山十日可至，諸蕃要會也。

永樂元年命中官尹慶奉詔撫諭其國，賚以綵幣。其酋沙米的喜遣使從慶入朝，貢方物。三年達南京，封爲國王，賜印誥及文綺諸物，遂比年入貢。鄭和亦數使其國。十三年偕柯枝、南渤利、甘巴里、滿剌加諸國入貢。十四年又偕爪哇、滿剌加、占城、錫蘭山、木骨都束、溜山、南渤利、不剌哇、阿丹、蘇門答剌、麻林、剌撒、忽魯謨斯、柯枝、南巫里、沙里灣泥、彭亨諸國入貢。是時，諸蕃使臣充斥於廷，以古里大國，序其使者於首。十七年偕滿剌加十七國來貢。十九年又偕忽魯謨斯等國入貢。二十一年復偕忽魯謨斯等國，遣使千二百人入貢。時帝方出塞，敕皇太子曰：「天時向寒，貢使卽令禮官宴勞，給賜遣還。其以土物來市者，官酬其直。」

宣德八年，其王比里麻遣使偕蘇門答剌等國使臣入貢。其使久留都下，正統元年乃命附爪哇貢舟西還。自是不復至。

其國，山多地瘠，有穀無麥。俗甚淳，行者讓道，道不拾遺。人分五等，如柯枝，其敬浮屠、鑿井灌佛亦如之。每旦，王及臣民取牛糞調水塗壁及地，又煅爲灰抹額及股，謂爲敬佛。國中半崇回教，建禮拜寺數十處。七日一禮，男女齋沐謝事。午時拜天於寺，未時乃散。王老不傳子而傳甥，無甥則傳弟，無弟則傳於國之有德者。國事皆決於二將領，以回回人爲之。刑無鞭笞，輕者斷手足，重者罰金珠，尤重者夷族沒產。鞫獄不承，則置其手指沸湯中，三日不爛卽免罪。免罪者，將領導以鼓樂，送還家，親戚致賀。

富家多植椰子樹至數千。其嫩者漿可飲，亦可釀酒，老者可作油、糖，亦可作飯。幹可搆屋，葉可代瓦，殼可製杯，穰可索綯，煅爲灰可鑲金。其他蔬果、畜產，多類中國。所貢物有寶石、珊瑚珠、琉璃瓶、琉璃枕、寶鐵刀、拂郎雙刃刀、金繫腰、阿思模達塗兒氣、龍涎香、蘇合油、花氈單、伯蘭布、苾布之屬。

柯枝，或言卽古盤盤國。宋、梁、隋、唐皆入貢。自小葛蘭西北行，順風一日夜可至。永樂元年遣中官尹慶齎詔撫諭其國，賜以銷金帳幔、織金文綺、綵帛及華蓋。六年復命鄭和使其國。九年，王可亦里遣使入貢。十年，鄭和再使其國，連二歲入貢。其使者請賜印誥，封其國中之山。帝遣鄭和齎印賜其王，因撰碑文，命勒石山上。其詞曰：

王化與天地流通，凡覆載之內、舉納於甄陶者，體造化之仁也。蓋天下無二理，生民無二心，憂戚喜樂之同情，安逸飽煖之同欲，奚有間於遐邇哉。任君民之寄者，當盡子民之道。詩云「邦畿千里，惟民所止，肇域彼四海」。書云「東漸于海，西被于流沙，朔南暨聲教，訖于四海」。朕君臨天下，撫治華夷，一視同仁，無間彼此。推古聖帝明王之道，以合乎天地之心。遠邦異域，咸使各得其所，聞風嚮化者，爭恐後也。

柯枝國遠在西南，距海之濱，出諸蕃國之外，慕中華而歆德化久矣。命令之至，拳跽鼓舞，順附如歸，咸仰天而拜曰：「何幸中國聖人之教，沾及於我！」乃數歲以來，國內豐穰，居有室廬，食飽魚鼈，衣足布帛，老者慈幼，少者敬長，熙熙然而樂，凌厲爭競之習無有也。山無猛獸，溪絕惡魚，海出奇珍，林產嘉木，諸物繁盛，倍越尋常。暴風不興，疾雨不作，札沴殄息，靡有害菑。蓋甚盛矣。朕揆德薄，何能如是，非其長民者之所致歟？乃封可亦里爲國王，賜以印章，俾撫治其民。幷封其國中之山爲鎭國之山，勒碑其上，垂示無窮。而系以銘曰：「截彼高山，作鎭海邦，吐烟出雲，爲下國洪龐。肅其煩歊，時其雨暘，祛彼氛妖，作彼豐穰。靡菑靡沴，永庇斯疆，優游卒歲，室家胥慶。於戲！山之嶄兮，海之深矣，勒此銘詩，相爲終始。」

自後，間歲入貢。

宣德五年，復遣鄭和撫諭其國。八年，王可亦里遣使偕錫蘭山諸國來貢。正統元年，遣其使者附爪哇貢舶還國，幷賜敕勞王。

王，瑣里人，崇釋教。佛座四旁皆水溝，復穿一井。每旦鳴鐘鼓，汲水灌佛，三浴之，始羅拜而退。

其國與錫蘭山對峙，中通古里，東界大山，三面距海。俗頗淳。築室，以椰子樹爲材，取葉爲苫以覆屋，風雨皆可蔽。

人分五等：一曰南昆，王族類；二曰回回，三曰哲地，皆富民；四曰革全，皆牙儈；五曰木瓜。木瓜最貧，爲人執賤役者。屋高不得過三尺。衣上不得過臍，下不得過膝。途遇南昆、哲地人，輒伏地，俟其過乃起。

氣候常熱。一歲中，二三月時有少雨，國人皆治舍儲食物以俟。五六月間大雨不止，街市成河，七月始晴，八月後不復雨，歲歲皆然。田瘠少收，諸穀皆產，獨無麥。諸畜亦皆有，獨無鵝與驢云。

小葛蘭，其國與柯枝接境。自錫蘭山西北行六晝夜可達。東大山，西大海，南北地窄，西洋小國也。永樂五年遣使附古里、蘇門答剌入貢，賜其王錦綺、紗羅、鞍馬諸物，其使者亦有賜。

王及羣下皆瑣里人，奉釋教。重牛及他婚喪諸禮，多與錫蘭同。俗淳。土薄，收穫少，仰給榜葛剌。鄭和嘗使其國。厥貢惟珍珠傘、白棉布、胡椒。

又有大葛蘭者，波濤湍悍，舟不可泊，故商人罕至。土黑墳，本宜穀麥，民懶事耕作，歲賴烏爹之米以足食。風俗、物產，多類小葛蘭。

錫蘭山，或云卽古狼牙修。梁時曾通中國。自蘇門答剌順風十二晝夜可達。

永樂中，鄭和使西洋至其地，其王亞烈苦奈兒欲害和，和覺，去之他國。王又不睦隣境，屢邀劫往來使臣，諸蕃皆苦之。及和歸，復經其地，乃誘和至國中，發兵五萬劫和，塞歸路。和乃率步卒二千，由間道乘虛攻拔其城，生擒亞烈苦奈兒及妻子、頭目，獻俘於朝。廷臣請行戮，帝憫其無知，幷妻子皆釋，且給以衣食。命擇其族之賢者立之。有邪把乃那者，諸俘囚咸稱其賢，乃遣使齎印誥，封爲王，其舊王亦遣歸。自是海外諸蕃益服天子威德，貢使載道，王遂屢入貢。

宣德五年，鄭和撫諭其國。八年，王不剌葛麻巴忽剌批遣使來貢。正統元年命附爪哇貢舶歸，賜敕諭之。十年偕滿剌加使者來貢。天順三年，王葛力生夏剌昔利把交剌惹遣使來貢。嗣後不復至。

其國，地廣人稠，貨物多聚，亞於爪哇。東南海中有山三四座，總名曰翠藍嶼。大小七門，門皆可通舟。中一山尤高大，番名梭篤蠻山。其人皆巢居穴處，赤身髡髮。相傳釋迦佛昔經此山，浴於水，或竊其袈裟，佛誓云：「後有穿衣者，必爛其皮肉。」自是，寸布掛身輒發瘡毒，故男女皆裸體。但紉木葉蔽其前後，或圍以布，故又名裸形國。地不生穀，惟啖魚蝦及山芋、波羅密、芭蕉實之屬。自此山西行七日，見鸚哥嘴山。又二三日抵佛堂山，卽入錫蘭國境。海邊山石上有一足跡，長三尺許。故老云，佛從翠藍嶼來，踐此，故足跡尚存。中有淺水，四時不乾，人皆手蘸拭目洗面，曰「佛水清淨」。山下僧寺有釋迦眞身，側臥牀上。旁有佛牙及舍利，相傳佛涅槃處也。其寢座以沉香爲之，飾以諸色寶石，莊嚴甚。王所居側有大山，高出雲漢。其顚有巨人足跡，入石深二尺，長八尺餘，云是盤古遺跡。此山產紅雅姑、青雅姑、黃雅姑、昔刺泥、窟沒藍等諸色寶石。每大雨，衝流山下，土人競拾之。海旁有浮沙，珠蚌聚其內，光彩瀲灩。王使人撈取，置之地，蚌爛而取其珠，故其國珠寶特富。

王，瑣里國人。崇釋教，重牛，日取牛糞燒灰塗其體，又調以水，偏塗地上，乃禮佛。手足直舒，腹貼於地以爲敬，王及庶民皆如之。不食牛肉，止食其乳，死則瘞之，有殺牛者，罪至死。氣候常熱，米粟豐足，民富饒，然不喜噉飯。欲噉，則於暗處，不令人見。徧體皆毫毛，悉薙去，惟髮不薙。所貢物有珠、珊瑚、寶石、水晶、撒哈剌、西洋布、乳香、木香、樹香、檀香、沒藥、硫黃、藤竭、蘆薈、烏木、胡椒、碗石、馴象之屬。

榜葛剌，卽漢身毒國，東漢曰天竺。其後中天竺貢於梁，南天竺貢於魏。唐亦分五天竺，又名五印度。宋仍名天竺。榜葛剌則東印度也。自蘇門答剌順風二十晝夜可至。

永樂六年，其王靄牙思丁遣使來朝，貢方物，宴賚有差。七年，其使凡再至，攜從者二百三十餘人。帝方招徠絕域，頒賜甚厚。自是比年入貢。十年，貢使將至，遣官宴之於鎭江。旣將事，使者告其王之喪。遣官往祭，封嗣子賽勿丁爲王。十二年，嗣王遣使奉表來謝，貢麒麟及名馬方物。禮官請表賀，帝勿許。明年遣侯顯齎詔使其國，王與妃、大臣皆有賜。正統三年貢麒麟，百官表賀。明年又入貢。自是不復至。

其國，地大物阜。城池街市，聚貨通商，繁華類中國。四時氣候常如夏。土沃，一歲二稔，不待耔耘。俗淳龐，有文字，男女勤於耕織。容體皆黑，間有白者。王及官民皆回回人，喪祭冠婚，悉用其禮。男子皆薙髮，裹以白布。衣從頸貫下，用布圍之。曆不置閏。刑有笞杖徒流數等。官司上下，亦有行移。醫卜、陰陽、百工、技藝悉如中國，蓋皆前世所流入也。

其王敬天朝。聞使者至，遣官具儀物，以千騎來迎。王宮高廣，柱皆黃銅包飾，雕琢花獸。左右設長廊，內列明甲馬隊千餘，外列巨人，明盔甲，執刀劍弓矢，威儀甚壯。丹墀左右，設孔雀翎傘蓋百餘，又置象隊百餘於殿前。王飾八寶冠，箕踞殿上高座，橫劍於膝。朝使入，令拄銀杖者二人來導，五步一呼，至中則止；又拄金杖者二人，導如初。其王拜迎詔，叩頭，手加額。開讀受賜訖，設毯毯於殿，宴朝使；不飲酒，以薔薇露和香蜜水飲之。贈使者金盔、金繫腰、金瓶、金盆，其副則悉用銀，從者皆有贈。厥貢，良馬、金銀琉璃器、青花白瓷、鶴頂、犀角、翠羽、鸚鵡、洗白苾布、兜羅緜、撒哈剌、糖霜、乳香、熟香、烏香、麻藤香、烏爹泥、紫膠、藤竭、烏木、蘇木、胡椒、粗黃。

沼納樸兒，其國在榜葛剌之西。或言卽中印度，古所稱佛國也。永樂十年遣使者齎敕撫諭其國，賜王亦不剌金絨錦、金織文綺、綵帛等物。十八年，榜葛剌使者愬其國王數舉兵侵擾，詔中官侯顯齎敕諭以睦隣保境之義，因賜之綵幣；所過金剛寶座之地，亦有賜。然其王以去中國絕遠，朝貢竟不至。

祖法兒，自古里西北放舟，順風十晝夜可至。永樂十九年遣使偕阿丹、刺撒諸國入貢，命鄭和齎璽書賜物報之。二十一年，貢使復至。宣德五年，和再使其國，其王阿里卽遣使朝貢，八年達京師。正統元年還國，賜璽書獎王。

其國東南大海，西北重山，天時常若八九月。五穀、蔬果、諸畜咸備。人體頎碩。王及臣民悉奉回回教，婚喪亦遵其制。多建禮拜寺。遇禮拜日，市絕貿易，男女長幼皆沐浴更新衣，以薔薇露或沉香油拭面，焚沉、檀、俺八兒諸香土爐，人立其上以薰衣，然後往拜。所過街市，香經時不散。天使至，詔書開讀訖，其王徧諭國人，盡出乳香、血竭、蘆薈、沒藥、蘇合油、安息香諸物，與華人交易。乳香乃樹脂。其樹似榆而葉尖長，土人砍樹取其脂爲香。有駝雞，頸長類鶴，足高三四尺，毛色若駝，行亦如之，常以充貢。

木骨都束，自小葛蘭舟行二十晝夜可至。永樂十四年遣使與不刺哇、麻林諸國奉表朝貢，命鄭和齎敕及幣偕其使者往報之。後再入貢，復命和偕行，賜王及妃綵幣。二十一年，貢使又至。比還，其王及妃更有賜。宣德五年，和復頒詔其國。

國濱海，山連地曠，磽瘠少收。歲常旱，或數年不雨。俗頑嚚，時操兵習射。地不產木。亦如忽魯謨斯，壘石爲屋，及用魚腊以飼牛羊馬駝云。

不剌哇，與木骨都束接壤。自錫蘭山別羅里南行，二十一晝夜可至。永樂十四年至二十一年，凡四入貢，並與木骨都束偕。鄭和亦兩使其國。宣德五年，和復往使。

其國，傍海而居，地廣斥鹵，少草木，亦壘石爲屋。有鹽池。但投樹枝於中，已而取起，鹽卽凝其上。俗淳。田不可耕，蒜葱之外無他種，專捕魚爲食。所產有馬哈獸，狀如獐；花福祿，狀如驢；及犀、象、駱駝、沒藥、乳香、龍涎香之類，常以充貢。

竹步，亦與木骨都束接壤。永樂中，嘗入貢。其地戶口不繁，風俗頗淳。鄭和至其地。地亦無草木，壘石以居，歲多旱暵，皆與木骨都束同。所產有獅子、金錢豹、駝蹄雞、龍涎香、乳香、金珀、胡椒之屬。

阿丹，在古里之西，順風二十二晝夜可至。永樂十四年遣使奉表貢方物。辭還，命鄭和齎敕及綵幣偕往賜之。自是，凡四入貢，天子亦厚加賜賚。宣德五年，海外諸番久缺貢，復命和齎敕宣諭。其王抹立克那思兒卽遣使來貢。八年至京師。正統元年始還。自後，天朝不復遣使，遠番貢使亦不至。前世梁、隋、唐時，並有丹丹國，或言卽其地。

地膏腴，饒粟麥。人性強悍，有馬步銳卒七八千人，鄰邦畏之。王及國人悉奉回回教。氣候常和，歲不置閏。其定時之法，以月爲準，如今夜見新月，明日卽爲月朔。四季不定，自有陰陽家推算。其日爲春首，卽有花開；其日爲秋初，卽有葉落；及日月交食、風雨潮汐，皆能預測。

其王甚尊中國。聞和船至，躬率部領來迎。入國宣詔訖，徧諭其下，盡出珍寶互易。永樂十九年，中官周姓者往，市得貓睛，重二錢許，珊瑚樹高二尺者數枝，又大珠、金珀、諸色雅姑異寶、麒麟、獅子、花貓、鹿、金錢豹、駝雞、白鳩以歸，他國所不及也。

蔬果、畜產咸備，獨無鵝、豕二者。市肆有書籍。工人所製金首飾，絕勝諸蕃。所少惟無草木，其居亦皆壘石爲之。麒麟前足高九尺，後六尺，頸長丈六尺有二，短角，牛尾，鹿身，食粟豆餅餌。獅子形似虎，黑黃色無斑，首大、口廣、尾尖，聲吼若雷，百獸見之皆伏地。嘉靖時製方丘朝日壇玉爵，購紅黃玉於天方、哈密諸蕃，不可得。有通事言此玉產於阿丹，去土魯番西南二千里，其地兩山對峙，自爲雌雄，或自鳴，請如永樂、宣德故事，齎重賄往購。帝從部議，已之。

剌撒，自古里順風二十晝夜可至。永樂十四年遣使來貢，命鄭和報之。後凡三貢，皆與阿丹、不剌哇諸國偕。宣德五年，和復齎敕往使，竟不復貢。國傍海而居，氣候常熱，田瘠少收。俗淳，喪葬有禮。有事則禱鬼神。草木不生，久旱不雨。居室，悉與竹步諸國同。所產有乳香、龍涎香、千里駝之類。

麻林，去中國絕遠。永樂十三年遣使貢麒麟。將至，禮部尙書呂震請表賀，帝曰：「往儒臣進五經四書大全，請上表，朕許之，以此書有益於治也。麟之有無，何所損益，其已之。」已而麻林與諸蕃使者以麟及天馬、神鹿諸物進，帝御奉天門受之。百僚稽首稱賀，帝曰：「此皇考厚德所致，亦賴卿等翊贊，故遠人畢來。繼自今，益宜秉德迪朕不逮。」十四年又貢方物。

忽魯謨斯，西洋大國也。自古里西北行，二十五日可至。永樂十年，天子以西洋近國已航海貢琛，稽顙闕下，而遠者猶未賓服，乃命鄭和齎璽書往諸國，賜其王錦綺、綵帛、紗羅，妃及大臣皆有賜。王卽遣陪臣已卽丁奉金葉表，貢馬及方物。十二年至京師。命禮官宴賜，酬以馬直。比還，賜王及妃以下有差。自是，凡四貢。和亦再使。後朝使不往，其使亦不來。

宣德五年復遣和宣詔其國。其王賽弗丁乃遣使來貢。八年至京師，宴賜有加。正統元年附爪哇舟還國。嗣後遂絕。

其國居西海之極。自東南諸蠻邦及大西洋商舶、西域賈人，皆來貿易，故寶物塡溢。氣候有寒暑，春發葩，秋隕葉，有霜無雪，多露少雨。土瘠穀麥寡，然他方轉輸者多，故價殊賤。民富俗厚，或遭禍致貧，衆皆遺以錢帛，共振助之。人多白皙豐偉，婦女出則以紗蔽面，市列廛肆，百物具備。惟禁酒，犯者罪至死。醫卜、技藝，皆類中華。交易用銀錢。書用回回字。王及臣下皆遵回教，婚喪悉用其禮。日齋戒沐浴，虔拜者五。地多鹹，不產草木，牛羊馬駝皆噉魚腊。壘石爲屋，有三四層者，寢處庖廁及待客之所，咸在其上。饒蔬果，有核桃、把聃、松子、石榴、葡萄、花紅、萬年棗之屬。境內有大山，四面異色。一紅鹽石，鑿以爲器，盛食物不加鹽，而味自和；一白土，可塗垣壁；一赤土、一黃土，皆適於用。所貢有獅子、麒麟、駝雞、福祿、靈羊；常貢則大珠、寶石之類。

溜山，自錫蘭山別羅里南去，順風七晝夜可至；自蘇門答剌過小帽山西南行，十晝夜可至。永樂十年，鄭和往使其國。十四年，其王亦速福遣使來貢。自後三貢，並與忽魯謨斯諸國偕。宣德五年，鄭和復使其國，後竟不至。

其山居海中，有三石門，並可通舟。無城郭，倚山聚居。氣候常熱，土薄穀少，無麥，土人皆捕魚，暴乾以充食。王及羣下盡回回人，婚喪諸禮，多類忽魯謨斯。山下有八溜，或言外更有三千溜，舟或失風入其處，即沉溺。

又有國曰比剌，曰孫剌。鄭和亦嘗齎敕往賜。以去中華絕遠，二國貢使竟不至。

南巫里，在西南海中。永樂三年遣使齎璽書、綵幣撫諭其國。六年，鄭和復往使。九年，其王遣使貢方物，與急蘭丹、加異勒諸國偕來。賜其王金織文綺、金繡龍衣、銷金幃幔及傘蓋諸物，命禮官宴賜遣之。十四年再貢。命鄭和與其使偕行，後不復至。

加異勒，西洋小國也。永樂六年遣鄭和齎詔招諭，賜以錦綺、紗羅。九年，其酋長葛卜者麻遣使奉表，貢方物。命賜宴及冠帶、綵幣、寶鈔。十年，和再使其國，後凡三入貢。宣德五年，和復使其國。〔一〕八年又偕阿丹等十一國來貢。

甘巴里，亦西洋小國。永樂六年，鄭和使其地，賜其王錦綺、紗羅。十三年遣使朝貢方物。〔二〕十九年再貢，遣鄭和報之。

宣德五年，和復招諭其國。王兜哇剌札遣使來貢，八年抵京師。正統元年附爪哇舟還國，賜敕勞王。

其隣境有阿撥把丹、小阿蘭二國，亦以六年命鄭和齎敕招諭，賜亦同。

急蘭丹，永樂九年，王麻哈剌查苦馬兒遣使朝貢。十年命鄭和齎敕獎其王，賚以錦綺、紗羅、綵帛。

沙里灣泥，永樂十四年遣使來獻方物，命鄭和齎幣帛還賜之。

底里，永樂十年遣使奉璽書招諭其王馬哈木，賜絨錦、金織文綺、綵帛諸物。其地與沼納樸兒近，并賜其王亦不剌金。

千里達，永樂十六年遣使貢方物。賜其使冠帶、紵絲、紗羅、綵帛及寶鈔。比還，賜其王有加。

失剌比，永樂十六年遣使朝貢。賜其使冠帶、金織文綺、襲衣、綵幣、白金有差，其王亦優賜。

古里班卒，永樂中，嘗入貢。其土瘠穀少，物產亦薄。氣候不齊，夏多雨，雨卽寒。

剌泥，永樂元年，其國中回回哈只馬哈沒奇剌泥等來貢方物，因攜胡椒與民市。有司請徵其稅，帝曰：「徵稅以抑逐末之民，豈以爲利。今遠人慕義來，乃取其貨，所得幾何，而虧損國體多矣。其已之。」

剌泥而外，有數國：曰夏剌比，曰奇剌泥，曰窟察泥，曰捨剌齊，曰彭加那，曰八可意，曰烏沙剌踢，曰坎巴，曰阿哇，曰打回。永樂中，嘗遣使朝貢。其國之風土、物產，無可稽。

白葛達，宣德元年遣其臣和者里一思入貢。其使臣言：「遭風破舟，貢物盡失，國主惓惓忠敬之忱，無由上達。此使臣之罪，惟聖天子恩貸，賜之冠帶，俾得歸見國主，知陪臣實詣闕廷，庶幾免責。」帝許之，使附隣國貢舟還國，諭之曰：「倉卒失風，豈人力能制。歸語爾主，朕嘉王之誠，不在物也。」宴賜悉如禮。及辭歸，帝謂禮官曰：「天時漸寒，海道遼遠，可賜路費及衣服。」其國，土地瘠薄，崇釋教，市易用鐵錢。

又有黑葛達，亦以宣德時來貢。國小民貧，尙佛畏刑。多牛羊，亦以鐵鑄錢。

拂菻，卽漢大秦，桓帝時始通中國。晉及魏皆曰大秦，嘗入貢。唐曰拂菻，宋仍之，亦數入貢。而宋史謂歷代未嘗朝貢，疑其非大秦也。

元末，其國人捏古倫入市中國，元亡不能歸。太祖聞之，以洪武四年八月召見，命齎詔書還諭其王曰：「自有宋失馭，天絕其祀。元興沙漠，入主中國百有餘年，天厭其昏淫，亦用隕絕其命。中原擾亂十有八年，當羣雄初起時，朕爲淮右布衣，起義救民。荷天之靈，授以文武諸臣，東渡江左，練兵養士，十有四年。西平漢王陳友諒，東縛吳王張士誠，南平閩、粵，戡定巴蜀，北定幽燕，奠安方夏，復我中國之舊疆。朕爲臣民推戴卽皇帝位，定有天下之號曰大明，建元洪武，於今四年矣。凡四夷諸邦皆遣官告諭，惟爾拂菻隔越西海，未及報知。今遣爾國之民捏古倫齎詔往諭。朕雖未及古先哲王，俾萬方懷德，然不可不使天下知朕平定四海之意，故茲詔告。」已而復命使臣普剌等齎敕書、綵幣招諭，其國乃遣使入貢。後不復至。

萬曆時，大西洋人至京師，言天主耶穌生於如德亞，卽古大秦國也。其國自開闢以來六千年，史書所載，世代相嬗，及萬事萬物原始，無不詳悉。謂爲天主肇生人類之邦，言頗誕謾不可信。其物產、珍寶之盛，具見前史。

意大里亞，居大西洋中，自古不通中國。萬曆時，其國人利瑪竇至京師，爲萬國全圖，言天下有五大洲。第一曰亞細亞洲，中凡百餘國，而中國居其一。第二曰歐羅巴洲，中凡七十餘國，而意大里亞居其一。第三曰利未亞洲，亦百餘國。第四曰亞墨利加洲，地更大，以境土相連，分爲南北二洲。最後得墨瓦臘泥加洲爲第五。而域中大地盡矣。其說荒渺莫考，然其國人充斥中土，則其地固有之，不可誣也。

大都歐羅巴諸國，悉奉天主耶穌教，而耶穌生於如德亞，其國在亞細亞洲之中，西行教於歐羅巴。其始生在漢哀帝元壽二年庚申，閱一千五百八十一年至萬曆九年，利瑪竇始汎海九萬里，抵廣州之香山澳，其教遂沾染中土。至二十九年入京師，中官馬堂以其方物進獻，自稱大西洋人。

禮部言：「會典止有西洋瑣里國無大西洋，其眞僞不可知。又寄居二十年方行進貢，則與遠方慕義特來獻琛者不同。且其所貢天主及天主母圖，既屬不經，而所攜又有神仙骨諸物。夫既稱神仙，自能飛昇，安得有骨？則唐韓愈所謂凶穢之餘，不宜入宮禁者也。況此等方物，未經臣部譯驗，徑行進獻，則內臣混進之非，與臣等溺職之罪，俱有不容辭者。及奉旨送部，乃不赴部審譯，而私寓僧舍，臣等不知其何意。但諸番朝貢，例有回賜，其使臣必有宴賞，乞給賜冠帶還國，勿令潛居兩京，與中人交往，別生事端。」不報。八月又言：「臣等議令利瑪竇還國，候命五月，未賜綸音，毋怪乎遠人之鬱病而思歸也。察其情詞懇切，眞有不願尚方錫予，惟欲山棲野宿之意。譬之禽鹿久羈，愈思長林豐草，人情固然。乞速爲頒賜，遣赴江西諸處，聽其深山邃谷，寄跡怡老。」亦不報。

已而帝嘉其遠來，假館授粲，給賜優厚。公卿以下重其人，咸與晉接。瑪竇安之，遂留居不去，以三十八年四月卒於京。賜葬西郭外。

其年十一月朔日食。曆官推算多謬，朝議將修改。明年，五官正周子愚言：「大西洋歸化人龐迪我、熊三拔等深明曆法。其所攜曆書，有中國載籍所未及者。當令譯上，以資採擇。」禮部侍郎翁正春等因請倣洪武初設回回曆科之例，令迪我等同測驗。從之。

自瑪竇入中國後，其徒來益衆。有王豐肅者，居南京，專以天主教惑衆，士大夫暨里巷小民，間爲所誘。禮部郎中徐如珂惡之。其徒又自誇風土人物遠勝中華，如珂乃召兩人，授以筆劄，令各書所記憶。悉舛謬不相合，乃倡議驅斥。四十四年，與侍郎沈潅、給事中晏文輝等合疏斥其邪說惑衆，且疑其爲佛郎機假託，乞急行驅逐。禮科給事中余懋孳亦言：「自利瑪竇東來，而中國復有天主之教。乃留都王豐肅、陽瑪諾等，煽惑羣衆不下萬人，朔望朝拜動以千計。夫通番、左道並有禁。今公然夜聚曉散，一如白蓮、無爲諸教。且往來壕鏡，與澳中諸番通謀，而所司不爲遣斥，國家禁令安在。」帝納其言，至十二月令豐肅及迪我等俱遣赴廣東，聽還本國。命下久之，遷延不行，所司亦不爲督發。

四十六年四月，迪我等奏：「臣與先臣利瑪竇等十餘人，涉海九萬里，觀光上國，叨食大官十有七年。近南北參劾，議行屏斥。竊念臣等焚修學道，尊奉天主，豈有邪謀敢墮惡業。惟聖明垂憐，候風便還國。若寄居海嶼，愈滋猜疑，乞幷南都諸處陪臣，一體寬假。」不報，乃怏怏而去。豐肅尋變姓名，復入南京，行敎如故，朝士莫能察也。

其國善製礮，視西洋更巨。既傳入內地，華人多效之，而不能用。天啓、崇禎間，東北用兵，數召澳中人入都，令將士學習，其人亦爲盡力。

崇禎時，曆法益疏舛，禮部尚書徐光啓請令其徒羅雅谷、湯若望等，以其國新法相參較，開局纂修。報可。久之書成，卽以崇禎元年戊辰爲曆元，名之曰崇禎曆。書雖未頒行，其法視大統曆爲密，識者有取焉。

其國人東來者，大都聰明特達之士，意專行教，不求祿利。其所著書多華人所未道，故一時好異者咸尚之。而士大夫如徐光啓、李之藻輩，首好其說，且爲潤色其文詞，故其教驟興。

時著聲中土者，更有龍華民、畢方濟、艾如略、鄧玉函諸人。華民、方濟、如略及熊三拔，皆意大里亞國人，玉函，熱而瑪尼國人，龐迪我，依西把尼亞國人，陽瑪諾，波而都瓦爾國人，皆歐羅巴洲之國也。其所言風俗、物產多夸，且有職方外紀諸書在，不具述。

校勘記

〔一〕和復使其國　使，原作「賜」，據明史稿傳二〇〇加異勒傳改。

〔二〕十三年遣使朝貢方物　十三年，原作「十二年」，據本書卷三二六古里傳、太宗實錄卷九七永樂十三年九月癸卯條改。

明史卷三百二十七

列傳第二百十五

外國八

韃靼

韃靼，即蒙古，故元後也。太祖洪武元年，大將軍徐達率師取元，元主自北平遁出塞，居開平，數遣其將也速等擾北邊。明年，常遇春擊敗之，師進開平，俘宗王慶孫、〔一〕平章鼎住。

時元主奔應昌，其將王保保據定西爲邊患。三年春，以徐達爲大將軍，使出西安擣定西；李文忠爲左副將軍，馮勝爲右副將軍，使出居庸擣應昌。文忠至興和，擒平章竹貞，復大破元兵於駱駝山，遂趨應昌。未至，知元主已殂，進圍其城，克之。獲元主孫買的里八剌及其妃嬪、大臣，寶玉圖籍。太子愛猷識理達臘獨以數十騎遁去。而徐達亦大破王保保兵於沈兒峪口，走之。太祖封買的里八剌爲崇禮侯，謚元主曰順帝。於是故元諸將江文淸等、王子失篤兒等，先後歸附。獨王保保擁太子愛猷識理達臘居和林，屢詔諭之，不從。

五年春，命大將軍徐達、左副將軍李文忠、征西將軍馮勝率師三道征之。大將軍達由中路出鴈門，戰不利，守塞。勝軍西次蘭州。右副將軍傅友德先進，轉戰至埽林山，勝等兵合，斬其平章不花，降上都驢等所部吏民八千三百餘戶，遂由亦集乃路至瓜、沙州，復連敗之。文忠東出居庸至口溫，元將棄營遁，乃率輕騎自臚朐河疾馳，進敗蠻子哈剌章於土剌河，追及阿魯渾河，又追及稱海，獲其官屬子孫幷軍士家屬千八百餘，送京師。達等尋召還。明年春，遣達、文忠等備西北邊。元兵入犯武、朔，達遣陳德、郭子興擊破之。未幾，達等復大破王保保兵於懷柔。時元兵先後犯白登、保德、河曲，輒爲守將所敗，獨撫寧、瑞州被殘，太祖乃徙其民於內地。

七年夏，都督藍玉拔興和。文忠亦遣裨將擒斬其長，而自以大軍攻高州大石崖，克之，斬宗王、大臣朶朶失里等，至氈帽山斬魯王，獲其妃蒙哥禿。秋，太祖以故元太子流離沙漠，父子隔絕，未有後嗣，乃遣崇禮侯北歸，以書諭之。又二年，其部下九住等寇西邊，敗去。

洪武十一年夏，故元太子愛猷識理達臘卒，太祖自爲文，遣使弔祭。子脫古思帖木兒繼立。其丞相驢兒、蠻子哈剌章，國公脫火赤，平章完者不花、乃兒不花，樞密知院愛足等，擁衆於應昌、和林，時出沒塞下。太祖屢賜璽書諭之，不從。十三年春，西平侯沐英師出靈州，渡黃河，歷賀蘭山，踐流沙，擒脫火赤、愛足等於和林，盡以其部曲歸。冬，完者不花亦就擒。明年春，徐達及副將軍湯和、傅友德征乃兒不花，至河北，襲灰山，斬獲甚衆。

時王保保已先卒，諸巨魁多以次平定，或望風歸附，獨丞相納哈出擁二十萬衆據金山，數窺伺遼。二十年春，命宋國公馮勝爲大將軍，率潁川侯傅友德、永昌侯藍玉等，將兵二十萬征之，還其先所獲元將乃剌吾。勝軍駐通州，遣藍玉乘大雪襲慶州，克之。夏，師踰金山，臨江侯陳鏞失道，陷敵死。乃剌吾歸，備以朝廷撫恤恩語其衆，於是全國公觀童來降。納哈出因聞乃剌吾之言已心悸，復爲大軍所迫，乃陽使人至大將軍營納款，以覘兵勢。勝遣玉往受降。使者見勝軍還報，納哈出仰天嘆曰：「天弗使吾有此衆矣。」遂率數百騎詣玉納降。已，將脫去，爲鄭國公常茂所傷不得去。都督耿忠遂以衆擁之見勝，勝重禮之，使忠與同寢食。先後降其部曲二十餘萬人，及聞納哈出傷，由是驚潰者四萬人，獲輜重畜馬亙百餘里。勝班師，都督濮英以三千騎殿，爲潰卒所邀襲，死之。秋，勝等表上納哈出所部官屬二百餘人，將校三千三百餘人，金銀銅印一百顆，虎符牌面百二十五事，馬二百九十餘匹，稱賀。太祖封納哈出爲海西侯，先後賜予甚厚，幷授乃剌吾千戶。

納哈出既降，帝以故元遺寇終爲邊患，乃卽軍中拜藍玉爲大將軍，唐勝、郭英副之，耿忠、孫恪爲左、右參將，率師十五萬往征之。冬，元將脫脫等降於玉。明年春，玉以大軍由大寧至慶州，聞脫古思帖木兒在捕魚兒海，從間道馳進，至百眼井哨不見敵，欲引還。定遠侯王弼曰：「吾等奉聖主威德，提十萬餘衆，深入至此，無所得，何以復命？」玉乃穴地而爨，一夜馳至捕魚兒海。黎明，去敵營八十里。時大風揚沙，晝晦，軍行無知者，敵不設備。弼爲前鋒，直薄之，遂大破其軍，斬太尉、蠻子數千人。脫古思帖木兒以其太子天保奴、知院捏怯來、丞相失烈門等數十騎遁去，獲其次子地保奴及妃主五十餘人、渠率三千、男女七萬餘，馬駝牛羊十萬，聚鎧仗焚之。又破其將哈剌章營，盡降其衆。於是漠北削平。捷奏至，太祖大悅，賜地保奴等鈔幣，命有司給供具。既有言玉私元主妃者，帝怒，妃慚懼自殺。地保奴出怨言，帝居之琉球。

脫古思帖木兒既遁，將依丞相咬住於和林，行至土剌河，爲其下也速迭兒所襲，衆復散，獨與捏怯來等十六騎偕。適咬住來迎，欲共往依闊闊帖木兒，大雪不得發。也速迭兒兵猝至，縊殺之，并殺天保奴。於是捏怯來、失烈門等來降，置之全寧衞。未幾，捏怯來爲失烈門所襲殺，衆潰，詔朶顏等衞招撫之，來降者益衆。二十三年春，命穎國公傅友德等以北平兵從燕王，定遠侯王弼等以山西兵從晉王，征咬住及乃兒不花、阿魯帖木兒等。燕王出古北口，偵知乃兒不花營迤都，冒大雪馳進，去敵一磧，敵不知也。先遣指揮觀童往，觀童舊與乃兒不花善，一見相持泣。頃之，大軍壓其營，乃兒不花驚欲遁，觀童止之，引見王，賜飲食慰諭遣還。乃兒不花喜過望，遂偕咬住等來降。久之，乃兒不花等以謀叛誅死，敵益衰。太祖亦封燕、晉諸王爲邊藩鎮，更歲遣大將巡行塞下，督諸衞卒屯田，戒以持重，寇來輒敗之。而敵自脫古思帖木兒後，部帥紛拏，五傳至坤帖木兒，咸被弑，不復知帝號。有鬼力赤者篡立，稱可汗，去國號，遂稱韃靼云。

成祖卽位，遣使諭之通好，賜以銀幣幷及其知院阿魯台、丞相馬兒哈咱等。時鬼力赤與瓦剌相仇殺，數往來塞下，帝敕邊將各嚴兵備之。

永樂三年，頭目埽胡兒、察罕達魯花等先後來歸。久之，阿魯台殺鬼力赤，而迎元之後本雅失里于別失八里，立爲可汗。

六年春，帝卽以書諭本雅失里曰：「自元運既訖，順帝後愛猷識理達臘至坤帖木兒凡六傳，瞬息之間，未聞一人善終者。我皇考太祖高皇帝於元氏子孫，加意撫恤，來歸者輒令北還，如遺脫古思帖木兒歸，嗣爲可汗，此南北人所共知。朕之心卽皇考之心。茲元氏宗祧不絕如線，去就之機，禍福由分，爾宜審處之。」不聽。

明年，獲其部曲完者帖木兒等二十二人，帝因復使給事中郭驥賫書往。驥被殺，帝怒。秋，命淇國公丘福爲大將軍，武城侯王聰、同安侯火眞副之，靖安侯王忠、安平侯李遠爲左、右參將，〔三〕將精騎十萬北討，諭以毋失機，毋輕犯敵，一舉未捷，俟再舉。時本雅失里已爲瓦剌所襲破，與阿魯台徙居臚朐河。福率千騎先馳，遇游兵擊破之。軍未集，福乘勝渡河追敵，敵輒佯敗引去。諸將以帝命止福，福不聽。敵衆奄至，圍之，五將軍皆沒。帝益怒。

明年，帝自將五十萬衆出塞。本雅失里聞之懼，欲與阿魯台俱西，阿魯台不從，衆潰散，君臣始各爲部。本雅失里西奔，阿魯台東奔。帝追及斡難河，本雅失里拒戰。帝麾兵奮擊，一呼敗之。本雅失里棄輜重孳畜，以七騎遁。斡難河者，元太祖始興地也。班師至靜虜鎮，遇阿魯台，帝使諭之降。阿魯台欲來，衆不可，遂戰。帝率精騎大呼衝擊，矢下如注，阿魯台墜馬，遂大敗，追奔百餘里乃還。冬，阿魯台使來貢馬，帝納之。

越二年，本雅失里爲瓦剌馬哈木等所殺。阿魯台已數入貢，帝俱厚報之，并還其向所俘同產兄妹二人。至是，奏馬哈木等弒其主，又擅立答里巴，願輸誠內附，請爲故主復仇。天子義之，封爲和寧王。自是，歲或一貢，或再貢，以爲常。

十二年，帝征瓦剌。阿魯台使部長以下來朝會。賜米五十石，乾肉、酒糗、綵幣有差。十四年，以戰敗瓦剌，使來獻俘。十九年，阿魯台貢使至邊，要劫行旅，帝諭使戒戢之，由是驕蹇不至。

阿魯台之內附，困于瓦剌，窮蹙而南，思假息塞外。帝納而封之，母妻皆爲王太夫人、王夫人。數年生聚，畜牧日以蕃盛，遂慢我使者，拘留之。其貢使歸，多行劫掠，部落亦時來窺塞。二十年春，大入興和。于是詔親征之。阿魯台聞大軍出，懼，其母妻皆詈之曰：「大明皇帝何負爾，而必爲逆！」于是盡棄其輜重馬畜于濶灤海側，以其孥直北徙。帝命焚其輜重，收其馬畜，遂班師。

明年秋，邊將言阿魯台將入寇。帝曰：「彼意朕必不復出，當先駐塞下待之。」遂部分寧陽侯陳懋爲先鋒，至宿嵬山不見敵，遇王子也先土干率妻子部屬來降。帝封爲忠勇王，賜姓名曰金忠。忠勇王至京師，數請擊敵自効。帝曰：「姑待之。」

二十二年春，開平守將奏阿魯台盜邊，羣臣勸帝如忠勇王言。帝復親征，師次荅蘭納木兒河，〔三〕得諜者，知阿魯台遠遁。帝意亦厭兵，乃下詔暴阿魯台罪惡，而宥其所部來降者，止勿殺。車駕還，崩於楡木川。未幾，阿魯台使來貢馬，仁宗已登極，詔納之。自是，歲修職貢如永樂時。

時阿魯台數敗于瓦剌，部曲離散。其屬把的等先後來歸，朝廷皆予官職，賜鈔幣，詔有司給供具。自後來歸者，悉如例。阿魯台日益蹙，乃率其屬東走兀良哈，駐牧遼塞。諸將請出兵掩擊之，帝不聽。

宣德九年，阿魯台復爲脫脫不花所襲，妻子死，孳畜略盡，獨與其子失捏干等徙居母納山、察罕腦剌等處。未幾，瓦剌脫懽襲殺阿魯台及失捏干，于是阿魯台子阿卜只俺及其孫妻速木答思等喪敗無依，來乞內附。帝憐而撫之。

阿魯台既死，其故所立阿台王子及所部朶兒只伯等復爲脫脫不花所窘，竄居亦集乃路。外爲納款，而數入寇甘、涼。正統元年，將軍陳懋敗朶兒只伯于平川，追及蘇武山，頗有斬獲。二年冬，命都督任禮爲總兵官，蔣貴、趙安副之，尙書王驥督師，以便宜行事。明年夏，復敗朶兒只伯等于石城。阿台與朶兒合，復敗之兀魯乃地，追及黑泉，又及之刁力溝，出沙漠千里，東西夾擊，敵幾盡，先後獲其部長一百五十人。於是阿台、朶兒只伯等來歸。

未幾，脫脫不花捕阿台等殺之。脫脫不花者，故元後，韃靼長也。瓦剌脫懽既擊殺阿魯台，悉收其部，兼并賢義、安樂二王之衆，欲自立爲可汗。衆不可，乃立脫脫不花，以阿魯台衆屬之，自爲丞相，陽推奉之，實不承其號令。

脫懽死，子也先嗣，益桀驁自雄，諸部皆下之，脫脫不花具可汗名而已。脫脫不花歲來朝貢，天子皆厚報之，比諸蕃有加，書稱之曰達達可汗，賜賚幷及其妃。十四年秋，也先謀大舉入寇，脫脫不花止之曰：「吾儕服食，多資大明，何忍爲此。」也先不聽，曰：「可汗不爲，吾當自爲。」遂分道，俾脫脫不花侵遼東，而自擁衆從大同入。帝親征之，駕於土木陷焉。景皇帝自監國卽位，尊帝爲太上皇帝。明年秋，上皇歸自也先所。〔四〕事載瓦剌傳。

脫脫不花自上皇歸後，修貢益勤。嘗妻也先姊，生子，也先欲立之，不從。也先亦疑其與中國通，將害己，遂治兵相攻。也先殺脫脫不花，收其妻子孳畜，給諸部屬，而自立爲可汗。時景皇帝二年也。朝廷稱也先爲瓦剌可汗。

未幾，爲所部阿剌知院所殺。韃靼部長孛來復攻破阿剌，求脫脫不花子麻兒可兒立之，號小王子。阿剌死，而孛來與其屬毛里孩等皆雄視部中，于是韃靼復熾。

景泰六年遣使入貢。英宗復辟，遣都督馬政往賜故伯顏帖木兒妻幣。孛來留之，而遣使入賀，欲獻璽。帝敕之曰：「璽已非眞，卽眞，亦秦不祥物耳，獻否從爾便。第無留我使，以速爾禍。」時敵數寇威遠諸衞，夏，定遠伯石彪敗之於磨兒山。

天順二年，孛來大舉寇陝西，安遠侯柳溥禦之輒敗，而飾小捷以聞。明年春，敵入安邊營，石彪等破之，都督周賢、〔五〕指揮李鑑戰死。四年復寇榆林，彰武伯楊信拒却之。再入，敗之於金雞峪。〔六〕未幾，復大掠陝西諸邊，廷臣請治各守將罪，帝宥之。五年春，寇入平虜城，誘指揮許顒等入伏，殺之。邊報日亟，命侍郎白圭、都御史王竑往視師。秋，孛來求款，帝使詹昇齎敕往諭。孛來遣使隨昇來貢，請改大同舊貢道，而由陝西蘭縣入，許之。未幾，復糾其屬毛里孩等入河西。明年春，圭等分巡西邊，圭遇敵於固原川，竑遇敵於紅崖子川，皆破之。帝賜璽書獎勵，敕孛來使臣，仍從大同入貢。

時麻兒可兒復與孛來相仇殺。麻兒可兒死，衆共立馬可古兒吉思，〔七〕亦號小王子。自是，韃靼部長益各專擅。小王子稀通中國，傳世次，多莫可考。孛來等每歲入貢，數寇掠，往來塞下，以西攻瓦剌爲辭，又數要劫三衛。七年冬，貢使及關，帝却之，以大學士李賢言乃止。八年春，御史陳選言：「韃靼部落，孛來最强，又密招三衛諸蕃，相結屯住。去冬來朝，要我賞宴，窺我虛實，其犯邊之情已露。而我邊關守臣，因循怠慢，城堡不修，甲仗不利，軍士不操習，甚至富者納月錢而安閒，貧者迫饑寒而逃竄。邊備廢弛，緩急何恃。乞敕在邊諸臣，痛革前弊。其鎮守、備禦等官，亦宜以時黜陟，庶能者知奮，怠者知警。至阨塞要害之處，或益官軍，或設營堡，或用墩臺，咸須處置得宜，歲遣大臣巡視，庶邊防有備，寇氛可戢。」報聞。

成化元年春，孛來誘兀良哈九萬騎入遼河，武安侯鄭宏禦却之。秋，散掠延綏。冬，復大入。命彰武伯楊信率山西兵，都御史項忠率陝西兵禦之，少却。未幾，復渡河曲，圍黃甫川堡，官軍力戰，乃引去。

始，韃靼之來也，或在遼東、宣府、大同，或在寧夏、莊浪、甘肅，去來無常，爲患不久。景泰初，始犯延慶，然部落少，不敢深入。天順間，有阿羅出者，率屬潛入河套居之，遂逼近西邊。河套，古朔方郡，唐張仁愿築三受降城處也。地在黃河南，自寧夏至偏頭關，延袤二千里，饒水草，外爲東勝衞。東勝而外，土平衍，敵來，一騎不能隱，明初守之，後以曠絕內徙。至是，孛來與小王子、毛里孩等先後繼至，擄中國人爲鄉導，抄掠延綏無虛時，而邊事以棘。

二年夏，大入延綏。帝命楊信充總兵官，都督趙勝爲副，率京軍及諸邊卒二萬人討之。信先以議事赴闕，未至。敵散掠平涼，入靈州及固原，長驅寇靜寧、〔八〕隆德諸處。冬，復入延綏，參將湯胤績戰死。

未幾，諸部內爭，孛來弑馬可古兒吉思，毛里孩殺孛來，更立他可汗。斡羅出者復與毛里孩相仇殺，〔九〕毛里孩遂殺其所立可汗，逐斡羅出，而遣使入貢。尋渡河掠大同。三年春，帝命撫寧侯朱永等征之。會毛里孩再乞通貢，而別部長孛魯乃亦遣人來朝。帝許之，詔永等駐軍塞上。

四年秋，給事中程萬里上言：「毛里孩久不朝貢，窺伺邊疆，其情叵測。然臣度其有可敗者三。近我邊地才二三日程，彼客我主，一也。兼幷諸部，馳驅不息，旣驕且疲，二也。比來散逐水草，部落四分，兵力不一，三也。宜選精兵二萬，每三千人爲一軍，統以驍將，嚴其賞罰，使探毛里孩所在，潛師擣之，破之必矣。」帝壯之，而不能用。冬寇延綏。明年春再入，守將許寧等輒擊敗之。冬復糾三衞入寇，延綏、楡林大擾。

六年春，大同巡撫王越遣遊擊許寧擊敗之，楊信等亦大破之于胡柴溝。時孛魯乃與斡羅出合別部乩加思蘭、孛羅忽亦入據河套，爲久居計。延綏告急，帝命永爲將軍，以王越參贊軍務，使禦敵。永至，數以捷聞，越等皆陞賞，論功永世侯，而敵據套自如。

七年春，永上戰守二策，廷議以糧匱馬乏，難於進剿，請命邊將愼守禦以圖萬全。于是吏部侍郞葉盛巡邊，偕延綏巡撫余子俊及越議築邊牆，設立臺堡。冬，敵入塞，參將錢亮敗績，越等不能救。兵部尙書白圭請擇遣大將軍專事敵，會盛還，越亦赴京計事，乃集廷議，請大發兵搜套。帝以武靖侯趙輔爲將軍，節制諸路，王越仍督師。敵大入延綏，輔不能禦，遂召還，以寧晉伯劉聚代之，聚亦未有功。而毛里孩、孛魯乃、斡羅出稍衰，滿都魯入河套稱可汗，〔一〇〕乩加思蘭爲太師。

九年秋，滿都魯等與孛羅忽並寇韋州。王越偵知敵盡行，其老弱巢紅鹽池，乃與許寧及遊擊周玉率輕騎晝夜疾馳至，分薄其營，前後夾擊，大破之。復邀擊于韋州。滿都魯等敗歸，孳畜廬帳蕩盡，妻孥皆喪亡，相顧悲哭去。自是，不復居河套，邊患少弭；間盜邊，弗敢大入，亦數遣使朝貢。

初，乩加思蘭以女妻滿都魯，立爲可汗。久之殺孛羅忽，幷其衆，益專恣。滿都魯部脫羅干、亦思馬因謀殺之。尋滿都魯亦死，諸強酋相繼略盡，邊人稍得息肩。

時中官汪直怙恩用事，思以邊功自樹，王越、朱永附之。十六年春，邊將上言，傳聞敵將渡河，遽以永爲將軍。直與越督師至邊，未及期，襲敵於威寧海子，大破之，又敗之于大同。永晉公爵，予世襲，〔二〕越封威寧伯，直增祿至三百石。未幾詔以越代永總兵。于是亦思馬因等益糾衆盜邊，延及遼塞。秋，敵三萬騎寇大同，連營五十里，殺掠人畜數萬。總兵許寧禦之，兵敗，以捷聞。敵既得利，長驅入順聖川，散掠渾源、朔諸州。宣府巡撫秦紘、總兵周玉力戰却之。山西巡撫邊鏞，參將支玉等悉力捍禦，敵去輒復來，迄成化末無寧歲。

亦思馬因死，入寇者復稱小王子，又有伯顏猛可王。弘治元年夏，小王子奉書求貢，自稱大元大可汗。朝廷方務優容，許之。自是，與伯顏猛可王等屢入貢，漸往來套中，出沒爲寇。八年，北部亦卜剌因王等入套駐牧。于是小王子及脫羅干之子火篩相倚日强，爲東西諸邊患。其年，三入遼東，多殺掠。明年，宣、大、延綏諸境俱被殘。

十一年秋，王越既節制諸邊，乃率輕兵襲敵于賀蘭山後，破之。明年，〔三〕敵擁衆入大同、寧夏境，遊擊王杲敗績，參將秦恭、副總兵馬昇逗遛不進，皆論死。時平江伯陳銳爲總兵，侍郎許進督師，久無功，被劾去，以保國公朱暉、侍郎史琳代之，太監苗逵監軍。

十三年冬，小王子復居河套。明年春，吏部侍郎王鏊上禦敵八策：一曰定廟算，二曰重主將，三曰嚴法令，四曰恤邊民，五曰廣招募，六曰用間，七曰分兵，八曰出奇。帝命所司知之。時敵以八千騎東駐遼塞下，攻入長勝堡，殺掠殆盡。秋，暉等以五路之師夜襲敵于河套，斬首三級，驅孳畜千餘歸，賞甚厚。小王子以十萬騎從花馬池、鹽池入，散掠固原、寧夏境，三輔震動，戕殺慘酷。

十五年以戶部尚書秦紘總制陝西。〔三〕夏，敵入遼東清河堡，至密雲，旋西掠偏頭關。秋，復以五千騎犯遼東長安堡，副總兵劉祥禦之，斬首五十一級，敵乃退。明年，稍靖。

十七年春，敵上書請貢，許之，竟不至；仍入大同殺墩軍，犯宣府及莊浪，守將衛勇、白玉等禦却之。明年春，敵三萬騎圍靈州，復散掠內地，指揮仇鉞、總兵李祥擊走之。敵大舉入寇宣府，總兵張俊禦之，大敗，裨將張雄、穆榮戰歿。

武宗嗣位，復命暉、琳出禦。冬，敵入鎮夷所，指揮劉經死之。復自花馬池毀垣入，掠隆德、靜寧、會寧諸處，關中大擾，以楊一清爲總制。時正德元年春也。

劉瑾用事，監軍皆閹人，一清不得職去，文貴、才寬相繼受事。二年，敵入寧夏、莊浪及定邊後衛諸境，守將皆逮問。

四年，敵數寇大同。冬，才寬禦敵於花馬池，中伏死。總兵馬昂與別部亦孛來戰于木瓜山，勝之，斬三百六十五級，獲馬畜六百餘，軍器二千九百餘。

明年，北部亦卜剌與小王子仇殺。亦卜剌竄西海，阿爾禿厮與合，逼脅洮西屬番，屢入寇。巡撫張翼、總兵王勛不能制，漸深入，邊人苦之。八年夏，擁衆來川，遣使詣翼所，乞邊地駐牧修貢。翼啗以金帛，令遠徙，亦卜剌遂西掠烏斯藏，據之。自是，洮、岷、松潘無寧歲。

小王子數入寇，殺掠尤慘。復以五萬騎攻大同，趣朔州，掠馬邑。帝命咸寧侯仇鉞總兵禦之，戰于萬全衞，斬三級，而所失亡十倍，以捷聞。明年秋，敵連營數十，寇宣、大塞，而別遣萬騎掠懷安。總制叢蘭告急，命太監張永督宣、大、延綏兵，都督白玉爲大將，協蘭守禦，京師戒嚴。已，敵蹂懷安趣蔚州，至平虜城南，蘭等預置毒飯於田間如農家餉，而設伏以待。敵至，中毒，伏猝發，多死者。其年，小王子部長卜兒孩以內難復奔據西海，出沒寇西北邊。

十一年秋，小王子以七萬騎分道入，與總兵潘浩戰于賈家灣。浩再戰再敗，裨將朱春、王唐死之。張永遇於老營坡，被創走居庸。敵遂犯宣府，凡攻破城堡二十，殺掠人畜數萬。浩奪三官，諸將降罰有差。

十二年冬，小王子以五萬騎自楡林入寇，圍總兵王勛等於應州。帝幸陽和，親部署，督諸將往援，殊死戰，敵稍却。明日復來攻，自辰至酉，戰百餘合，敵引而西，追至平虜、朔州，值大風黑霧，晝晦，帝乃還，命宣捷於朝。是後歲犯邊，然不敢大入。

嘉靖四年春，以萬騎寇甘肅。總兵姜奭禦之於苦水墩，斬其魁。明年犯大同及宣府，亦卜剌復駐牧賀蘭山後，數擾邊。明年春，小王子兩寇宣府。參將王經、關山先後戰死。〔四〕秋，以數萬騎犯寧夏塞，尚書王憲以總兵鄭卿等敗之，斬三百餘級。明年春，掠山西。夏，入大同中路，參將李蓁禦却之。冬，復寇大同，指揮趙源戰死。

十一年春，小王子乞通貢，未得命，怒，遂擁十萬騎入寇。總制唐龍請許之，帝不聽。龍連戰，頗有斬獲。

時小王子最富强，控弦十餘萬，多畜貨貝，稍厭兵，乃徙幕東方，稱土蠻，分諸部落在西北邊者甚衆。曰吉囊、曰俺答者，於小王子爲從父行，據河套，雄黠喜兵，爲諸部長，相率躪諸邊。

十二年春，吉囊擁衆屯套內，將犯延綏，邊臣有備，乃突以五萬騎渡河西，襲亦不剌、卜兒孩兩部，大破之。卜兒孩爲莊、寧邊患久，亦郎骨、土魯番諸蕃皆苦之，嘗因屬番帖木哥求貢市，朝廷未之許。至是唐龍以卜兒孩衰敗遠徙，西海獲寧，請無更議款事。

吉囊等旣破西海，旋竊入宣府永寧境，大掠而去。冬，犯鎭遠關，總兵王效、副總兵梁震敗之於柳門，又追敗之於蜂窩山，敵溺水死者甚衆。明年春，寇大同。秋，復由花馬池入犯，梁震及總兵劉文拒却之。

十五年夏，吉囊以十萬衆屯賀蘭山，分兵寇涼州，副總兵王輔禦之，斬五十七級。又入莊浪境，總兵姜奭遇之於分水嶺，三戰三勝之。又入延綏及寧夏邊。冬，復犯大同，入掠宣大塞，總制侍郎劉天和、總督尙書楊守禮及巡撫都御史楚書悉力禦之。

十九年秋，書以總兵白爵等三敗敵於萬全右衞境，斬百餘級。天和以總兵周尙文大破敵於黑水苑，斬吉囊子小十王。明年春，守禮以總兵李義禦敵於鎭朔堡，以總兵楊信禦敵於甘肅，皆勝之。

秋，俺答及其屬阿不孩遣使石天爵款大同塞，巡撫史道以聞，詔却之。以尙書樊繼祖督宣大兵，懸賞格購俺答、阿不孩首。遂大擧內犯，俺答下石嶺關，趨太原。吉囊由平虜衞入掠平定、壽陽諸處。總兵丁璋、遊擊周宇戰死，諸將多獲罪，繼祖獨蒙賞。

二十一年夏，敵復遣天爵求貢。大同巡撫龍大有誘縛之，上之朝，詭言用計擒獲。帝悅，擢大有兵部侍郎，邊臣陞賞者數十人，磔天爵於市。敵怒，入寇，掠朔州，抵廣武，由太原南下，沁、汾、襄垣、長子皆被殘；復從忻、崞、代而北，屯祁縣。參將張世忠力戰，敵圍之數重。自巳至申，所殺傷相當。已而世忠矢盡見殺，百戶張宣、張臣俱死，敵遂從雁門故道去。秋，復入朔州。吉囊死，諸子狼台吉等散處河西，勢旣分，俺答獨盛，歲數擾延綏諸邊。

二十三年冬，小王子自萬全右衞入，至蔚州及完縣。京師戒嚴。

二十四年秋，俺答犯延綏及大同，總兵張達拒却之。又犯鵓鴿峪，參將張鳳、指揮劉欽、千戶李瓚、生員王邦直等皆戰死。明年夏，俺答復遣使詣大同塞，求貢，邊卒殺之。秋，復來請，萬達再疏以聞，帝不許。會總督侍郎翁萬達、總兵周尚文嚴兵備陽和，敵引去。敵以十萬騎西入保安，掠慶陽、環縣而東，以萬騎寇錦、義。總督三邊侍郎曾銑率參將李珍等直擣敵巢於馬梁山後，斬百餘級，敵始退。

銑議復河套，大學士夏言主之。帝方嚮用言，令銑圖上方略，以便宜從事。明年夏，萬達復言：「敵自冬涉春屢求貢，詞恭，似宜許。」不聽，責萬達罔瀆。銑鳩兵繕塞，輒破敵。既而帝意中變，言與銑竟得罪，斬西市。敵益蓄忿思逞，廷臣不敢言復套事矣。

二十八年春，犯宣府滴水崖。把總指揮江瀚、董暘戰死，全軍覆，遂犯永寧、大同。總兵周尚文禦之於曹家莊，大敗之，斬其魁。會萬達自懷來赴援，宣府總兵趙國忠聞警，亦率千騎追擊，復連敗之。是歲，犯西塞者五。

二十九年春，俺答移駐威寧海子。夏，犯大同，總兵張達、林椿死之。敵引去，傳箭諸部大舉。秋，循潮河川南下至古北口，都御史王汝孝率薊鎮兵禦之。敵陽引滿內嚮，而別遣精騎從間道潰牆入。汝孝兵潰，遂大掠懷柔，圍順義，抵通州，分兵四掠，焚湖渠馬房。

畿甸大震。

敵大衆犯京師，大同總兵咸寧侯仇鸞、巡撫保定都御史楊守謙等，各以勤王兵至。帝拜鸞爲大將軍，使護諸軍。鸞與守謙皆恇懦不敢戰，兵部尚書丁汝夔恇擾不知所爲，閉門守。敵焚掠三日夜，引去。帝誅汝夔及守謙。敵將出白羊口，鸞尾之。敵猝東返，鸞出不意，兵潰，死傷千餘人。敵乃徐由古北口出塞。諸將收斬遺屍，得八十餘級，以捷聞。

方俺答薄都城時，縱所擄馬房內官楊增持書入城求貢。輔臣徐階等謂當以計款之，諭令退屯塞外，因邊臣以請。俺答歸，遣子脫脫陳款。時鸞方用事，乃議開馬市以中敵。兵部郎中楊繼盛上疏爭之，不得。明年春，以侍郎史道涖其事，給白金十萬，開市大同，次及延、寧。叛人蕭芹、呂明鎭者，故以罪亡入敵，挾白蓮邪教，與其黨趙全、丘富、周原、喬源諸人導俺答爲患。俺答市畢，旋入掠。邊臣責之，以芹等爲詞。芹詭有術，能墮城。敵試之不驗，遂縛芹及明鎭，而全、富等竟匿不出。俺答復請以牛馬易粟豆，求職役誥敕，又潛約河西諸部內犯，墮諸邊垣。帝惡之，詔罷馬市，召道還。自是，敵日寇掠西邊，邊人大困。

三十一年春，敵二千騎寇大同，指揮王恭禦之於平川墩，戰死。夏，東入遼塞，圍百戶常祿，指揮姚大謨、劉棟、劉啓基等於三道溝，四人皆戰沒。備禦指揮王相赴援，大戰於寺兒山，殺傷相當，敵舍去。千戶葉廷瑞率百人助相。明日，相裹創復邀敵於蠟黎山，殊死闕，矢竭，遂與麾下將士三百人皆死之。廷瑞被創死復蘇，敵亦引退。其年，凡四犯大同，三犯遼陽，一犯寧夏。明年春，犯宣府及延綏。夏，犯甘肅及大同。守將禦之輒敗。秋，俺答復大舉入寇，下渾源、靈丘、廣昌，急攻插箭、浮圖等峪。固原遊擊陳鳳、寧夏遊擊朱玉率兵赴援，大戰却之。敵分兵東犯蔚，西掠代、繁峙。已，駐鄜、延二十日，延慶諸城屠掠幾徧，乃移營中部，以瞯涇、原，會久雨乃去。時小王子亦乘隙爲寇，犯宣府赤城。未幾，俺答復以萬騎入大同，縱掠至八角堡。巡撫趙時春禦之，遇敵於大蟲嶺，總兵李淶戰死，軍覆，時春僅以身免。

三十三年春，入宣府柴溝堡。夏，復犯寧夏，大同總兵岳懋中伏死。秋，攻薊鎭牆，百道並進。警報日數十至，京師戒嚴。總督楊博悉力拒守，募死士夜砍其營，敵驚擾乃遁。明年數犯宣、薊，參將趙傾葵、李光啓、丁碧先後戰死。朝廷再下賞格，購俺答首，賜萬金，爵伯；獲丘富、周原者三百金，授三品武階。時富等在敵，招集亡命，居豐州，築城自衞，搆宮殿，墾水田，號曰板升。板升，華言屋也。趙全教敵，益習攻戰事。俺答愛之甚，每入寇必置酒全所，問計。

三十五年夏，敵三萬騎犯宣府。遊擊張紘迎戰，敗死。冬，掠大同邊，繼掠陝西環、慶諸處，守將孫朝、袁正等却之。其年，土蠻再犯遼東。

明年，敵以二萬騎分掠大同邊，殺守備唐天祿、把總汪淵。俺答弟老把都復擁衆數萬入河流口，犯永平及遷安，副總兵蔣承勛力戰死。夏，突犯宣府馬尾梁，參將祁勉戰死。秋，復入大同右衞境，攻毁七十餘堡，所殺擄甚衆。冬，俺答子辛愛有妾曰桃松寨，私部目收令哥，懼誅來降。總督楊順自詡爲奇功，致之闕下。辛愛來索不得，乃縱掠大同諸墩堡，圍右衞數匝。順懼，乃詭言敵願易我以趙全、丘富。本兵許論以爲便，乃遣桃松寨夜逸出塞，紿之西走，陰告辛愛，辛愛執而戮之。敵狎知順無能，圍右衞益急，更分兵犯宣、薊鎭。西鄙震動，右衞烽火斷絕者六閱月。大學士嚴嵩與許論議，欲棄右衞。帝不聽，詔諸臣發兵措餉，而以兵部侍郎江東代順。時故將尚表以餽餉入圍城，悉力捍禦，粟盡食牛馬，徹屋爲薪，士卒無變志。表時出兵突戰，獲俺答孫及壻與其部將各一人。會帝所遣侍郎江東及巡撫楊選、總兵張承勳等各嚴兵進，圍乃解。復掠永昌、涼州及宣府赤城，圍甘州十四日始退。土蠻亦數寇遼東。

三十八年春，老把都、辛愛謀大舉入犯，駐會州，使其諜詭稱東下。總督王忬不能察，遽分兵而東，號令數易，敵遂乘間入薊鎭潘家口，忬得罪。夏，犯大同，轉掠宣府東西二城，駐內地旬日，會久雨乃退。

三十九年，敵聚衆喜峰口外，窺犯薊鎭。大同總兵劉漢出擣其帳於灰河，敵稍遠徙。

秋，漢復與參將王孟夏等擣豐州，擒斬一百五十八人，焚板升略盡。是歲，寇大同、延綏、薊、遼邊無虛日。明年春，敵自河西踏冰入寇，守備王世臣、千戶李虎戰死。秋，犯宣府及居庸。冬，掠陝西、寧夏塞。已，復分兵而東，陷蓋州。

四十一年夏，土蠻入撫順，爲總兵黑春所敗。冬，復攻鳳凰城，春力戰二日夜，死之。海、金殺掠尤甚。冬，俺答數犯山西、寧夏塞。〔一五〕延綏總兵趙岢分部銳卒，令裨將李希靖等東出神木堡，擣敵帳於半坡山，徐執中等西出定邊營，擊敵騎於蓧麥湖，皆勝之，斬一百十九級。

四十二年春，敵入宣府滴水崖，劉漢却之。敵遂引而東，數犯遼塞。秋，總兵楊照敗死。時薊遼總督楊選囚縶三衛長通罕，令其諸子更迭爲質。通罕者，辛愛妻父也，冀以牽制辛愛，三衛皆怨。冬，大掠順義、三河。諸將趙溱、孫臏戰死，京師戒嚴。大同總兵姜應熊禦之於密雲，敗之，敵退。詔誅選。明年，土蠻入遼東，都御史劉燾上諸將守禦功，言海水暴漲，敵騎多沒者。帝曰：「海若效靈。」下有司祭告，燾等皆有賞。冬，敵犯陝西，大掠板橋、響閘兒諸處。

四十四年春，犯遼東寧前小團山，參將線補衮、遊擊楊維藩死之。夏，犯肅州，總兵劉承業禦之，再戰皆捷。秋，俺答子黃台吉帥輕騎，自宣府洗馬林突入，散掠內地。把總姜汝棟以銳卒二百伏暗莊堡，猝遇台吉，搏之。台吉墮馬，爲所部奪去。台吉受傷，越日始甦。明年，俺答屢犯東西諸塞。夏，清河守備郎得功扼之張能峪口，勝之。冬，大同參將崔世榮禦敵於樊皮嶺，及子大朝、大賓俱戰死。時丘富死，趙全在敵中益用事，尊俺答爲帝，治宮殿。期日上棟，忽大風，棟墜傷數人。俺答懼，不敢復居。兵部侍郎譚綸在薊鎮善治兵，全乃說俺答無輕犯薊，大同兵弱，可以逞。

隆慶元年，俺答數犯山西。秋，復率衆數萬分三道入井坪、朔州、老營、偏頭關諸處。邊將不能禦，遂長驅攻岢嵐及汾州，破石州，殺知州王亮采，屠其民，復大掠孝義、介休、平遙、文水、交城、太谷、隰州間，男女死者數萬。事聞，諸邊臣罰治有差。而三衞勾土蠻同時入寇，薊鎮、昌黎、撫寧、樂亭、盧龍，皆被蹂躪。遊騎至灤河，京師震動，三日乃引去。諸將追之，敵出義院口。會大霧，迷失道，墮棒槌崖中，人馬枕藉，死者頗衆，諸將乃趨割其首。

二年，敵犯柴溝，守備韓尙忠戰死。時兵部侍郎王崇古鎮西邊，總兵李成梁守遼東，數以兵邀擊於塞外。敵知有備，入寇稍稀。

四年秋，黃台吉寇錦州，總兵王治道、參將郎得功以十餘騎入敵死。冬，俺答有孫曰把漢那吉者，俺答第三子鐵背台吉子也，幼孤，育於俺答妻所。既長，娶婦比吉。把漢復聘襖兒都司女，卽俺答外孫女，貌美，俺答奪之。把漢恚，遂率其屬阿力哥等十人來降。大同巡撫方逢時受之，以告總督王崇古。崇古上言：「把漢來歸，非擁衆內附者比，宜給官爵，豐館餼，飭輿馬，以示俺答。俺答急，則使縛送板升諸叛人；不聽，卽脅誅把漢牽沮之；又不然，因而撫納，如漢置屬國居烏桓故事，使招其故部，徙近塞。俺答老且死，黃台吉立，則令把漢還，以其衆與台吉抗，我按兵助之。」詔可，授把漢指揮使，阿力哥正千戶。

俺答方西掠吐番，聞之亟引還，約諸部入犯，崇古檄諸道嚴兵禦之。敵使來請命，崇古遣譯者鮑崇德往，言朝廷待把漢甚厚，第能縛板升諸叛人趙全等，旦送至，把漢卽夕返矣。俺答大喜，屏人語曰：「我不爲亂，亂由全等。若天子幸封我爲王，長北方諸部，孰敢爲患。卽死，吾孫當襲封，彼衣食中國，忍倍德乎？」乃益發使與崇德來乞封，且請輸馬，與中國鐵鍋、布帛互市，隨執趙全、李自馨等數人來獻。崇古乃以帝命遣把漢歸，把漢猶戀戀，感泣再拜去。俺答得孫大喜，上表謝。

崇古因上言：「朝廷若允俺答封貢，諸邊有數年之安，可乘時修備。設敵背盟，吾以數年蓄養之財力，從事戰守，愈於終歲奔命，自救不暇者矣。」復條八事以請。一，議封號官爵。諸部行輩，俺答爲尊，宜錫以王號，給印信。其大枝如老把都、黃台吉及吉囊長子吉能等，俱宜授以都督。弟姪子孫如兀愼打兒漢等四十六枝，授以指揮。其俺答諸壻十餘枝，授以千戶。一，定貢額。每歲一入貢，俺答馬十匹，使十人。老把都、吉能、黃台吉八匹，使四人。諸部長各以部落大小爲差，大者四匹，小者二匹，使各二人。通計歲貢馬不得過五百匹，使不得過百五十人。馬分三等，上駟三十進御，餘給價有差，老瘠者不入。其使，歲許六十人進京，餘待境上。使還，聽以馬價市繒布諸物。給酬賞，其賞額視三衞及西蕃諸國。一，議貢期、貢道。以春月及萬壽聖節四方來同之會，使人馬匹及表文自大同左衞驗入，給犒賞。駐邊者，分送各城撫鎭驗賞。入京者，押送自居庸關入。一，立互市。其規如弘治初，北部三貢例。蕃以金、銀、牛馬、皮張、馬尾等物，商販以緞紬、布匹、釜鍋等物。開市日，來者以三百人駐邊外，我兵五百駐市場，期盡一月。市場，陝西三邊有原立場堡，大同應於左衞北威遠堡邊外，宣府應於萬全右衞、張家口邊外，山西應於水泉營邊外。一，議撫賞。守市兵人布二匹，部長緞二匹、紬二匹。以好至邊者，酌來使大小，量加賞犒。一，議歸降。通貢後，降者不分有罪無罪，免收納。其華人被擄歸正者，查別無竊盜，乃許入。一，審經權。一，戒狡飾。

疏入，下廷臣議。帝終從崇古言，詔封俺答爲順義王，賜紅蟒衣一襲；昆都力哈、[一八]黃台吉授都督同知，各賜紅獅子衣一襲、綵幣四表裏；賓兔台吉等十人，授指揮同知；那木兒台吉等十九人，授指揮僉事；打兒漢台吉等十八人，授正千戶；阿拜台吉等十二人，授副千戶；恰台吉等二人，授百戶。昆都力哈，卽老把都也。兵部採崇古議，定市令。秋市成，凡得馬五百餘匹，賜俺答等綵幣有差。西部吉能及其姪切盡等亦請市，詔予市紅山墩暨清水營。市成，亦封吉能爲都督同知。已而俺答請金字經及剌麻僧，詔給之。崇古復請玉印，詔予鍍金銀印。俺答老佞佛，復請於海南建寺，詔賜寺額仰華。俺答常遠處青山，二子，曰賓兔，居松山，直蘭州之北，曰丙兔，居西海，直河州之西，並求互市，多桀驁。俺答諭之，亦漸馴。

自是，約束諸部無入犯，歲來貢市，西塞以寧。而東部土蠻數擁衆寇遼塞。總兵李成梁敗之於卓山，〔七〕斬五百八十餘級，守備曹簠復敗之於長勝堡。神宗即位，頻年入犯。萬曆六年，成梁率遊擊秦得倚等擊敵於東昌堡，斬部長九人，餘級八百八十四，總督梁夢龍以聞。帝大悅，祭告郊廟，御皇極門宣捷。

七年冬，土蠻四萬騎入錦川營。夢龍、成梁及總兵戚繼光等已預受大學士張居正方略，併力備禦，敵始退。自是，敵數入，成梁等數敗之，輒斬其巨魁，又時襲擊於塞外，多所斬獲。敵畏之，少戢，成梁遂以功封寧遠伯。

俺答既就市，事朝廷甚謹。部下卒有掠奪邊氓者，必罰治之，且稽首謝罪，朝廷亦厚加賞賚。十年春，俺答死，帝特賜祭七壇、綵緞十二表裏、布百匹，示優恤。其妻哈屯率子黃台吉等，上表進馬謝，復賜幣布有差。封黃台吉爲順義王，改名乞慶哈。立三歲而死，朝廷給恤典如例。

十五年春，子撦力克嗣。其妻三娘子，故俺答所奪之外孫女而爲婦者也，歷配三王，主兵柄，爲中國守邊保塞，衆畏服之，乃敕封爲忠順夫人，自宣大至甘肅不用兵者二十年。及撦力克西行遠邊，而套部莊禿賴等據水塘，卜失兔、火落赤等據莽剌、捏工兩川，數犯甘、涼、洮、岷、西寧間。他部落亡慮數十種，出没塞下，順逆不常。帝惡之，十九年詔並停撦力克市賞。已而撦力克叩邊輸服，率衆東歸，獨莊禿賴、卜失兔等寇抄如故。其年冬，别部明安、土昧分犯榆林邊，總兵杜桐禦之，斬獲五百人，殺明安。

二十年，寧夏叛將哱拜等勾卜失兔、莊禿賴等，大舉入寇，總兵李如松擊敗之。二十二年，延綏巡撫李春光奏：「套部納款已久，自明安被戮而寇恨深，西夏黨逆而貢市絶，延鎮連年多事。今東西各部皆乞款，而卜失兔挾私叵測，邊長兵寡，制禦爲難。宜察敵情，審時勢。敵入犯則血戰，偶或小失，應寬吏議。倘敵真心效順，相機議撫，不可忘戰備也。」帝命兵部傳飭各邊。秋，卜失兔入固原，遊擊史見戰死。延綏總兵麻貴禦之，閲月始退。全陝震動。其年，東部炒花犯鎮武堡，總兵董一元與戰，大破之。明年春，松部宰僧等犯陝西，總督葉夢熊督却之。秋，海部永邵卜犯西寧，總督三邊李晈檄參將達雲、〔一八〕遊擊白澤暨馬其撒、卜爾加諸屬番，設伏邀擊，大敗之，斬六百八十三級。捷聞，帝大悦，且以屬番效命，追敍前總制鄭雒功，賞賚並及雒。

二十四年春，總督李汶以勁兵分三道出塞，襲卜失兔營，共斬四百九級，獲馬畜器械數千。火落赤部衆復窺伺洮州，汶遣參將周國柱等擊之於莽剌川䐉，斬一百三十六級。秋，著力兔、阿赤兔、火落赤等合謀犯西邊，炒花亦擁衆犯廣寧，守將皆嚴兵却之。二十五年秋，海部寇甘鎭，官軍擊走之。冬，炒花糾土蠻諸部寇遼東，殺掠無算。明年夏，復寇遼東，總兵李如松遠出擣巢，死之。冬，汶等分道出襲火落赤等於松山，走之，復其地。

二十七年詔復撦力克市賞。時汶等築松山，諸部紛叛，延、寧守臣共擊之，殺獲甲首幾三千。明年，著力兔、宰僧、莊禿賴等乞通款，不許。邊臣王見賓等復爲請，詔復套部貢市。

三十一年，海部數入陝西塞，兵備副使李自實，總兵蕭如薰、達雲等，擊走之。三十三年夏，東部宰賽誘殺慶雲堡守禦熊鑰，詔革其市賞。

三十五年夏，總督徐三畏言：「河套之部與河東之部不同。東部事統於一，約誓定，歷三十年不變。套部分四十二枝，各相雄長，卜失兔徒建空名於上。西則火落赤最狡，要挾最無厭；中則擺言太以父明安之死，無歲不犯；東則沙計爭爲監市，與炒花朋逞。西陲搶攘非一日矣。然衆雖號十萬，分爲四十二枝，多者不過二三千騎，少者一二千騎耳。宜分其勢，納其款，俾先順者獲賞，後至者拒剿。仍須主戰以張國威。」時已許宰賽及火落赤諸部復貢市矣。

未幾，撦力克死，未有嗣，忠順夫人率所部仍效貢職。西部銀定、歹青數擁衆犯東西邊。延綏部猛克什力亦以挾賞故，常沿邊抄掠。卜失兔欲婚於忠順，忠順拒之。其所部素囊台吉、五路台吉等，各不相下，封號久未定。四十一年，卜失兔始婚於忠順，東、西諸部長皆具狀爲請封。忠順夫人旋卒，詔封卜失兔爲順義王，而以把漢比吉素效恭順，封忠義夫人。卜失兔爲撦力克孫，襲封時，已少衰，所制止山、大二鎭外十二部。其部長五路、素囊及兀愼台吉等，兵力皆與順義埒。朝廷因宣大總督涂宗濬言，各予陞賞如例。

其年，炒花糾虎墩兔三犯遼東。虎墩兔者，居插漢兒地，亦曰插漢兒王子，元裔也。其祖打來孫始駐牧宣塞外，俺答方强，懼爲所併，乃徙帳於遼，收福餘雜部，數入掠薊西，四傳至虎墩兔，遂益盛。明年夏，炒花復合宰賽、煖兔以三萬騎入掠，至平虜、大寧。旣求撫賞，許之。

四十二年，猛克什力寇懷遠及保寧。延綏總兵官秉忠等破之，斬二百二十一級。明年，插部數犯遼東。已，掠義州，攻陷大安堡，兵民死者甚衆。

四十四年，總兵杜文煥數破套部猛克什力等於延綏邊，火落赤、擺言太及吉能、切盡、歹靑、沙計東西諸部皆懼，先後來請貢市。

四十六年，我大清兵起，略撫順及開原，插部乘隙擁衆挾賞。西部阿暈妻滿旦亦以萬騎自石塘路入掠薊鎭白馬關及高家、馮家諸堡。遊擊朱萬良禦之，被圍。羽書日數十至，中外戒嚴。頃之，滿旦亦叩關乞通貢。

四十七年，大清兵滅宰賽及北關金台什、布羊古等。金台什孫女爲虎墩兔婦，於是薊遼總督文球、巡撫周永春等以利啗之，俾聯結炒花諸部，以捍大清兵，給白金四千。明年，爲泰昌元年，加賞至四萬。虎乃揚言助中國，邀索無厭。

天啓元年秋，吉能犯延綏邊，楡林總兵杜文煥擊敗之。明年春，復大掠延安黃花峪，深入六百里，殺掠居民數萬。三年春，銀定糾衆再掠西邊，官軍擊敗之。明年春，復謀入故巢，犯松山，爲守臣馮任等所敗。夏，遂糾海西古六台吉等犯甘肅，總兵董繼舒擊之，斬三百餘級。其年，歹青以領賞譁於邊，邊人格殺之。歹青，虎墩兔近屬也，邊臣議歲給償命銀一萬三千有奇，而虎怏怏，益思颺去。未幾，大清兵襲破炒花，所部皆散亡，半歸於插漢。時卜失兔益衰，號令不行於諸部，部長干兒罵等歲數犯延綏諸邊。七慶台吉及敖目比吉、毛乞炭比吉等，亦各擁衆往來窺伺塞下。

崇禎元年，虎墩兔攻哈喇嗔及白言台吉、卜失兔諸部，皆破之，遂乘勝入犯宣大塞。秋，帝御平臺，召總督王象乾，詢以方略，象乾對言：「禦插之道，宜令其自相攻。今卜失兔西走套內，白台吉挺身免，而哈喇嗔所部多被擄，不足用。永邵卜最强，約三十萬人，合卜失兔所部幷聯絡朶顏三十六家及哈喇嗔餘衆，可以禦插漢。然與其擣之，不如撫而用之。」帝曰：「插漢意不受撫，奈何？」對曰：「當從容籠絡。」帝曰：「如不款何？」象乾復密奏，帝善之，命往與督師袁崇煥共計。象乾至邊，與崇煥議合，皆言西靖而東自寧，虎不款，而東西並急，因定歲予插金八萬一千兩，以示羈縻。

大同巡撫張宗衡上言：「插來宣 大，駐新城，去大同僅二百里，三閱月未敢近前，飢餓窮乏，插與我等耳。插恃撫金爲命，兩年不得，資用已竭，食盡馬乏，暴骨成莽。插之望款不啻望歲，而我遺之金繒、牛羊、茶果、米穀無算，是我適中其欲也。插炰烋悖慢，耳目不忍睹聞，方急款尚如是。使插士馬豐飽，其憑陵狂逞，可勝道哉。」象乾言：「款局垂成而復棼之，既示插以不信，亦非所以爲國謀。」疏入，帝是象乾議，詔宗衡毋得異同。

明年秋，虎復擁衆至延綏紅水灘，乞增賞未遂，卽縱掠塞外，總兵吳自勉禦却之。既而東附大清兵攻龍門。未幾，爲大清兵所擊。六年夏，插漢聞大清兵至，盡驅部衆渡河遠遁。是時，韃靼諸部先後歸附於大清。明年，大清兵遂大會諸部於兀蘇河南岡，頒軍律焉。而虎已卒，乃追至上都城，盡俘插漢妻孥部衆。

其後，套部歲入寧夏、甘、涼境，巡撫陳奇瑜、總兵馬世龍、督師洪承疇等輒擊敗之。套部干兒罵，亦爲總兵尤世祿所斬。迄明世，邊陲無寧，致中原盜賊蜂起。當事者狃與俺荅等貢市之便，見揷之恣於東也，謂歲捐金錢數十萬，冀苟安旦夕，且覬收之爲用，而卒不得。迨其後也，明未亡，而揷先斃，諸部皆折入於大清。國計愈困，邊事愈棘，朝議愈紛，明亦遂不可爲矣。

韃靼地，東至兀良哈，西至瓦剌。當洪、永、宣世，國家全盛，頗受戎索，然畔服亦靡常。正統後，邊備廢弛，聲靈不振。諸部長多以雄傑之姿，恃其暴强，迭出與中夏抗。邊境之禍，遂與明終始云。

校勘記

〔一〕俘宗王慶孫　慶孫，本書卷一二五常遇春傳、太祖實錄卷四二洪武二年六月己卯條都作「慶生」。

〔二〕靖安侯王忠安平侯李遠爲左右參將　李遠，原作「李達」，據本書卷六成祖紀、卷一〇六功臣世表、卷一四五丘福傳附李遠傳，太宗實錄卷六五永樂七年七月癸酉條改。

〔三〕師次荅蘭納木兒河　荅蘭納木兒河，原作「蘭荅納木兒河」，據本書卷七成祖紀、卷一五六金忠傳，太宗實錄卷一二九永樂二十二年四月庚午條改。

〔四〕明年秋上皇歸自也先所　「明年」二字，原置於「十四年秋」之後，「景皇帝自監國即位」之上，即成爲十四年之「明年」景帝即位。按景帝即位在正統十四年九月癸未，英宗之歸在景泰元年八月丙戌，「明年」兩字顯係誤置。今據本書卷一一景帝紀、英宗實録卷一八三改正，移「明年」二字於「尊帝爲太上皇帝」之下。

〔五〕都督周賢　周賢，原作「周顏」，據本書卷一二英宗後紀、卷一七四周賢傳，英宗實録卷二九九天順三年正月甲辰條改。

〔六〕敗之於金雞峪　金雞峪，原作「金鷄峪」，據本書卷一七三楊信傳、明史稿傳二〇一韃靼傳、英宗實録卷三一一天順四年正月戊子條改。

〔七〕衆共立馬可古兒吉思　馬可古兒吉思，原「可古」二字誤倒作「馬古可兒吉思」。今據下文及英宗實録卷三五二天順七年五月癸丑條、卷三五三天順七年六月丁亥條改。

〔八〕長驅寇靜寧　靜寧，原作「寧靜」，本書卷一七八項忠傳、憲宗實録卷三三成化二年八月乙丑條都作「靜寧」。按本書卷四二地理志，靜寧州與隆德縣均隸陝西平涼府。作「靜寧」是，據改。

〔九〕斡羅出者復與毛里孩相仇殺　斡羅出，本卷上文及本書卷一三憲宗紀、卷一七一王越傳、卷一七三朱謙傳附永傳都作「阿羅出」。

〔一〇〕滿都魯入河套稱可汗　滿都魯，原作「滿魯都」，據本書卷一三憲宗紀、卷一五五劉聚傳、卷一七一王越傳，憲宗實録卷一二一成化九年十月壬申條改。下同。

〔一一〕永晉公爵予世襲　此繫於成化十六年春，本書卷一四憲宗紀、憲宗實録卷一九八繫於成化十五年十二月辛未。本書卷一七三朱謙傳附永傳作十五年冬，又稱十六年春出師無功。

〔一二〕明年　指弘治十二年。按傳文在本年内所記事件，都見於本書卷一五孝宗紀弘治十三年。

〔一三〕十五年以户部尚書秦紘總制陝西　本書卷一五孝宗紀、孝宗實録卷一七九都繫於十四年九月甲辰。本書卷一七八秦紘傳也作「十四年」。

〔一四〕參將王經關山先後戰死　關山，原作「開山」，據本書卷一七世宗紀、世宗實録卷七四嘉靖六年三月庚辰條改。

〔一五〕冬復攻鳳凰城春力戰二日夜死之至冬俺答數犯山西寧夏塞　「冬」字重出，上「冬」字疑誤。按黑春之死在夏季，見世宗實録五〇九嘉靖四十一年五月壬子條。據本書行文例，上「冬」字應作「已」字。

〔一六〕昆都力哈　本書卷二二二王崇古傳作「昆都力」。

〔一七〕總兵李成梁敗之於卓山　卓山，原作「車山」，據本書卷二三八李成梁傳、明史稿傳二〇一韃靼傳、穆宗實録卷六四隆慶五年十二月辛亥條改。

〔一八〕總督三邊李汶檄參將達雲　李汶，原作「李收」。本傳下文及明史稿傳二〇一韃靼傳統作「李汶」，今據改。本書卷二二八魏學曾傳、神宗實録卷二八四萬曆二十三年四月己未條都作「李汶」。

明史卷三百二十八

列傳第二百十六

外國九

瓦剌　朵顏　福餘　泰寧

瓦剌，蒙古部落也，在韃靼西。元亡，其强臣猛可帖木兒據之。死，衆分爲三，其渠曰馬哈木，曰太平，曰把禿孛羅。

成祖卽位，遣使往告。永樂初，復數使鎭撫答哈帖木兒等諭之，并賜馬哈木等文綺有差。六年冬，馬哈木等遣暖答失等隨亦刺思來朝貢馬，仍請封。明年夏，封馬哈木爲特進金紫光祿大夫、順寧王；太平爲特進金紫光祿大夫、賢義王；把禿孛羅爲特進金紫光祿大夫、安樂王；賜印誥。暖答失等宴賚如例。

八年春，瓦剌復貢馬謝恩。自是，歲一入貢。

時元主本雅失里偕其屬阿魯台居漠北，馬哈木乃以兵襲破之。八年，帝既自將擊破本雅失里及阿魯台兵，馬哈木上言請得早爲滅寇計。十年，馬哈木遂攻殺本雅失里。復上言欲獻故元傳國璽，慮阿魯台來邀，請中國除之；脫脫不花子在中國，請遣還；部屬多從戰有勞，請加賞賚；又瓦剌士馬强，請予軍器。帝曰：「瓦剌驕矣，然不足較。」賚其使而遣之。明年，馬哈木留敕使不遣，復請以甘肅、寧夏歸附韃靼者多其所親，請給還。帝怒，命中官海童切責之。冬，馬哈木等擁兵飲馬河，將入犯，而揚言襲阿魯台。開平守將以聞，帝詔親征。明年夏，駐蹕忽蘭忽失溫。三部埽境來戰，帝麾安遠侯柳升、武安侯鄭亨等先嘗之，而親率鐵騎馳擊，大破之，斬王子十餘人，部衆數千級。追奔，度兩高山，至土剌河。馬哈木等脫身遁，乃班師。明年春，馬哈木等貢馬謝罪，且還前所留使，詞卑。帝曰：「瓦剌故不足較。」受其獻，館其使者。明年，瓦剌與阿魯台戰，敗走。未幾，馬哈木死，海童歸言，瓦剌拒命由順寧，順寧死，賢義、安樂皆可撫。帝因復使海童往勞太平、把禿孛羅。

十六年春，海童偕瓦剌貢使來。馬哈木子脫懽請襲爵，帝封爲順寧王。而海童及都督蘇火耳灰等以綵幣往賜太平、把禿孛羅及弟昂克，別遣使祭故順寧王。自是，瓦剌復奉貢。

二十年，瓦剌侵掠哈密，朝廷責之，遣使謝罪。二十二年冬，瓦剌部屬賽因打力來降，命爲所鎭撫，賜綵幣、襲衣、鞍馬，仍令有司給供具。自後來歸者悉如例。

宣德元年，太平死，子捏烈忽嗣。時脫懽與阿魯台戰，敗之，遁母納山、察罕腦剌間。宣德九年，脫懽襲殺阿魯台，遣使來告，且請獻玉璽。帝賜敕曰：「王殺阿魯台，見王克復世仇，甚善。顧王言玉璽，傳世久近，殊不在此。王得之，王用之可也。」仍賜紵絲五十表裏。

正統元年冬，成國公朱勇言：「近瓦剌脫懽以兵迫逐韃靼朶兒只伯，恐吞併之，日益强大。乞敕各邊廣儲積，以備不虞。」帝嘉納之。未幾，脫懽內殺其賢義、安樂兩王，盡有其衆，欲自稱可汗，衆不可，乃共立脫脫不花，以先所併阿魯台衆歸之。自爲丞相，居漠北，哈喇嗔等部俱屬焉。已，襲破朶兒只伯，復脅誘朶顏諸衞，窺伺塞下。

四年，脫懽死，子也先嗣，稱太師淮王。於是北部皆服屬也先，脫脫不花具空名，不復相制。每入貢，主臣並使，朝廷亦兩敕答之；賜賚甚厚，並及其妻子、部長。故事，瓦使不過五十人。利朝廷爵賞，歲增至二千餘人。屢敕，不奉約。使往來多行殺掠，又挾他部與俱，邀索中國貴重難得之物。稍不饜，輒造釁端，所賜財物亦歲增。也先攻破哈密，執王及王母，旣而歸之。又結婚沙州、赤斤蒙古諸衞，破兀良哈，脅朝鮮。邊將知必大爲寇，屢疏聞，止敕戒防禦而已。

十一年冬，也先攻兀良哈，遣使抵大同乞糧，幷請見守備太監郭敬。帝敕敬毋見，毋予糧。明年，復致書宣府守將楊洪。洪以聞，敕洪禮其使，報之。頃之，其部衆有來歸者，言也先謀入寇，脫脫不花止之，也先不聽，尋約諸番共背中國。帝詔問，不報。時朝使至瓦剌，也先等有所請乞，無不許。瓦剌使來，更增至三千人，復虛其數以冒廩餼。禮部按實予之，所請又僅得五之一，也先大愧怒。

十四年七月，遂誘脅諸番，分道大舉入寇。脫脫不花以兀良哈寇遼東，阿剌知院寇宣府，圍赤城，又遣別騎寇甘州，也先自寇大同。參將吳浩戰死貓兒莊，羽書踵至。太監王振挾帝親征，羣臣伏闕爭，不得。大同守將西寧侯宋瑛、武進伯朱冕、都督石亨等與也先戰陽和，太監郭敬監軍，諸將悉爲所制，失律，軍盡覆。瑛、冕死，敬伏草中免，亨奔還。車駕次大同，連日風雨甚，又軍中常夜驚，人恟懼，郭敬密言於振，始旋師。車駕還次宣府，敵衆襲軍後。恭順侯吳克忠拒之，敗歿。成國公朱勇、永順伯薛綬以四萬人繼往，至鷂兒嶺，伏發，盡陷。次日，至土木。諸臣議入保懷來，振顧輜重遽止，也先遂追及。土木地高，掘井二丈不得水，汲道已爲敵據，衆渴，敵騎益增。明日，敵見大軍止不行，僞退，振遽令移營而南。軍方動，也先集騎四面衝之，士卒爭先走，行列大亂。敵跳陣而入，六軍大潰，死傷數十萬。英國公張輔，駙馬都尉井源，尚書鄺埜、王佐，侍郎曹鼐、丁鉉等五十餘人死之，振亦死。帝蒙塵，中官喜寧從。也先聞車駕至，錯愕未之信，及見，致禮甚恭，奉帝居其弟伯顏帖木兒營，以先所掠校尉袁彬來侍。也先將謀逆，會大雷雨震死也先所乘馬，復見帝寢幄有異瑞，乃止。也先擁帝至大同城，索金幣，都督郭登與白金三萬。登復謀奪駕入城，帝沮之不果，也先遂擁帝北行。

九月，郕王自監國卽皇帝位，尊帝爲太上皇帝。也先詭稱奉上皇還，由大同、陽和抵紫荆關，攻入之，直前犯京師。兵部尙書于謙督武淸伯石亨、都督孫鏜等禦之。也先邀大臣出迎上皇，未果。亨等與戰，數敗之。也先夜走，自良鄉至紫荆，大掠而出。都督楊洪復大破其餘衆於居庸，也先仍以上皇北行。也先夜常於御幄上，遙見赤光奕奕若龍蟠，大驚異。也先又欲以妹進上皇，上皇却之，益敬服，時時殺羊馬置酒爲壽，稽首行君臣禮。

景泰元年，也先復奉上皇至大同，郭登不納，仍謀欲奪上皇，也先覺之，引去。初，也先有輕中國心，及犯京師，見中國兵强，城池固，始大沮。會中國已誘誅賊奄喜寧，失其間諜，而脫脫不花、阿剌知院復遣使與朝廷和，皆撤所部歸，也先亦決意息兵。秋，帝遣侍郎李實、少卿羅綺、指揮馬政等齎璽書往諭脫脫不花及也先。而脫脫不花、也先所遣皮兒馬黑麻等已至，帝因復使都御史楊善、侍郎趙榮率指揮、千戶等往。也先語實，兩國利速和，迎使夕至，大駕朝發，但當遣一二大臣來。實歸，善等至，致奉迎上皇意。也先曰：「上皇歸，當仍作天子邪？」善曰：「天位已定，不再更。」也先引善見上皇，遂設宴餞上皇行。也先席地彈琵琶，妻妾奉酒，顧善曰：「都御史坐。」善不敢坐，上皇曰：「太師著坐，便坐。」善承旨坐，卽起，周旋其間。也先顧善曰：「有禮。」伯顏等亦各設餞畢，也先築土臺，坐上皇臺上，率妻妾部長羅拜其下，各獻器用、飲食物。上皇行，也先與部衆皆送約半日程，也先、伯顏乃下馬伏地慟哭曰：「皇帝行矣，何時復得相見！」良久乃去，仍遣其頭目七十人送至京。

上皇歸後，瓦剌歲來貢，上皇所亦別有獻。於是帝意欲絕瓦剌，不復遣使往。也先以爲請，尚書王直、金濂、胡濙等相繼言絕之且起釁。帝曰：「遣使，有前事，適以滋釁耳。曩瓦剌入寇時，豈無使邪？」因敕也先曰：「前者使往，小人言語短長，遂致失好。朕今不復遣，而太師請之，甚無益。」

也先與脫脫不花內相猜。脫脫不花妻，也先姊也，也先欲立其姊子爲太子，不從。也先亦疑其通中國，將謀己，遂治兵相攻。脫脫不花敗走，也先追殺之，執其妻子，以其人畜給諸部屬；遂乘勝迫脅諸蕃，東及建州、兀良哈，西及赤斤蒙古、哈密。

三年冬，遣使來賀明年正旦，尚書王直等復請答使報之。下兵部議，兵部尚書于謙言：「臣職司馬，知戰而已，行人事非所敢聞。」詔仍毋遣使。明年冬，也先自立爲可汗，以其次子爲太師，來朝，書稱大元田盛大可汗，末曰添元元年。田盛，猶言天聖也。報書稱曰瓦剌可汗。未幾，也先復逼徙朶顏所部於黃河母納地。也先恃强，日益驕，荒於酒色。

六年，阿剌知院攻也先，殺之。韃靼部孛來復殺阿剌，奪也先母妻幷其玉璽。也先諸子火兒忽答等徙居干趕河，弟伯都王、姪兀忽納等往依哈密。伯都王，哈密王母之弟也。英宗復辟三年，哈密爲請封，詔授伯都王都督僉事，兀忽納指揮僉事。自也先死，瓦剌衰，部屬分散，其承襲代次不可考。

天順中，瓦剌阿失帖木兒屢遣使入貢，朝廷以其爲也先孫，循例厚賚之。又擠力克者，常與孛來讐殺。又拜亦撒哈者，常偕哈密來朝。其長曰克捨，頗强，數糾韃靼小王子入寇。克捨死，養罕王稱雄，擁精兵數萬，克捨弟阿沙爲太師。成化二十三年，養罕王謀犯邊，哈密罕愼來告。養罕不利去，憾哈密，兵還掠其大土剌。

弘治初，瓦剌中稱太師者一曰火兒忽力，一曰火兒古倒溫，皆遣使朝貢。土魯番據哈密，都御史許進以金帛厚啗二部，令以兵擊走之。其部長卜六王者，屯駐把思濶。正德十三年，土魯番犯肅州。守臣陳九疇因遣卜六王綵幣，使乘虛襲破土魯番三城，殺擄以萬計。土魯番畏逼，與之和。嘉靖九年，復以議婚相仇隙。土魯番益强，瓦剌數困敗，又所部輒自殘，多歸中國，哈密復乘間侵掠。卜六王不支，亦求內附。朝廷不許，遣出關，不知所終。

朶顏、福餘、泰寧，高皇帝所置三衞也。其地爲兀良哈，在黑龍江南，漁陽塞北。漢鮮卑、唐吐谷渾、宋契丹，皆其地也。元爲大寧路北境。

高皇帝有天下，東蕃遼王、惠寧王、朶顏元帥府相率乞內附。遂卽古會州地，置大寧都司營州諸衞，封子權爲寧王使鎭焉。已，數爲韃靼所抄。洪武二十二年置泰寧、朶顏、福餘三衞指揮使司，俾其頭目各自領其衆，以爲聲援。自大寧前抵喜峯口，近宣府，曰朶顏；自錦、義歷廣寧至遼河，曰泰寧；自黃泥窪逾瀋陽、鐵嶺至開原，曰福餘。獨朶顏地險而强。久之皆叛去。

成祖從燕起靖難，患寧王躡其後，自永平攻大寧，入之。謀脅寧王，因厚賂三衞說之來。成祖行，寧王餞諸郊，三衞從，一呼皆起，遂擁寧王西入關。成祖復選其三千人爲奇兵，從戰。天下旣定，徙寧王南昌，徙行都司於保定，遂盡割大寧地畀三衞，以償前勞。

帝踐阼初，遣百戶裴牙失里等往告。永樂元年復使指揮蕭尙都齎敕諭之。明年夏，頭目脫兒火察等二百九十四人隨尙都來朝貢馬。命脫兒火察爲左軍都督府都督僉事，哈兒兀歹爲都指揮同知，掌朶顏衞事；安出及土不申俱爲都指揮僉事，掌福餘衞事；忽剌班胡爲都指揮僉事，掌泰寧衞事；餘三百五十七人，各授指揮、千百戶等官。賜誥印、冠帶及白金、鈔幣、襲衣。自是，三衞朝貢不絕。三年冬，命來朝頭目阿散爲泰寧衞掌衞事、都指揮僉事，其朶兒朶臥等，各陞賞有差。

四年冬，三衞饑，請以馬易米。帝命有司第其馬之高下，各倍價給之。久之，陰附韃靼掠邊戍，復假市馬來窺伺。帝下詔切責，令其以馬贖罪。十二年春，納馬三千於遼東，帝敕守將王眞，一馬各予布四匹。已，復叛附阿魯台。二十年，帝親征阿魯台還，擊之，大敗其衆於屈烈河，〔一〕斬馘無算，來降者釋勿殺。

仁宗嗣位，詔三衞許自新。洪熙元年，安出奏其印爲寇所奪，請更給，許之。冬，三衞頭目阿者禿來歸，授千戶，賜鈔幣、襲衣、鞍馬，仍命有司給供具。自後來歸者，悉如例。

宣宗初，三衞掠永平、山海間，帝將親討之，三衞頭目皆謝罪入貢，撫納之如初。七年更給泰寧衞印。秋，以朶顏頭目哈剌哈孫、福餘頭目安出、泰寧頭目脫火赤等恭事朝廷久，加賜織金綵幣表裏有差。

正統間，屢寇遼東、大同、延安境。獨石守備楊洪擊敗之，擒其頭目朶欒帖木兒。未幾，復附瓦剌也先，泰寧拙赤妻也先以女，皆陰爲之耳目。入貢輒易名，且互用其印，又東合建州兵入廣寧前屯。帝惡其反覆，九年春，命成國公朱勇偕恭順侯吳克忠出喜峰，興安伯徐亨出界嶺，都督馬亮出劉家口，都督陳懷出古北，各將精兵萬人，分剿之。勇等捕其擾邊者致闕下，幷奪回所掠人畜。

拙赤等拘肥河衛使人，殺之。肥河衛頭目別里格與戰於格魯坤迭連，拙赤大敗。瓦剌復分道截殺，建州亦出兵攻之，三衛大困。

十二年春，總兵曹義、參將胡源、都督焦禮等分巡東邊，值三衛入寇，擊之，斬三十二級，擒七十餘人。其年，瓦剌賽刊王復擊殺朶顏乃兒不花，大掠以去。也先繼至，朶顏、泰寧皆不支，乞降，福餘獨走避腦溫江，三衛益衰。畏瓦剌强，不敢背，仍歲來致貢，止以利中國賜賚；又心銜邊將剿殺，故常潛圖報復。

十四年夏，大同參將石亭等復擊其盜邊者於箭谿山，〔三〕擒斬五十人，三衛益怨。秋，導瓦剌大入，英宗遂以是役北狩。

景泰初，朝廷仍遣使撫諭。三衛受也先旨，數以非時入貢，多遣使往來伺察中國。既而也先虐使之，復逼徙朶顏所部於黃河毋納地，三衛皆不堪，遂陰輸瓦剌情於中國，請得近邊屯駐。舊制，三衛每歲三貢，其貢使俱從喜峰口驗入，有急報則許進永平。時三衛使有自獨石及萬全右衛來者。邊臣以爲言，敕止之。天順中，嘗乘間掠諸邊，復竊通韃靼孛來，每爲之鄉導。所遣使與孛來使臣偕見。中國待韃靼厚，請加賞不得，大忿，遂益與孛來相結。

成化元年，頭目朶羅干等以兵從孛來，大入遼河。已，復西附毛里孩，東合海西兵，數入塞。又時獨出沒廣寧、義州間。九年，遼東總兵歐信以偏將韓斌等敗之於興中，追及麥州，斬六十二級，獲馬畜器械幾數千。其年，喜峰守將吳廣以貪賄失三衞心，三衞入犯，廣下獄死。明年復掠開原，慶雲參將周俊擊退之。

十四年詔復三衞馬市。初，國家設遼東馬市三，一城東，一廣寧，皆以待三衞。正統間，以其部衆屢叛，罷之。會韃靼滿都魯暴强，侵掠三衞，三衞頭目皆走避塞下。數饑困，請復馬市再四，不許。至是巡撫陳鉞爲帝言，始許之。滿都魯死，亦思馬因主兵柄，三衞復數爲所窘。

二十二年，〔三〕韃靼別部那孩擁三萬衆入大寧、金山，涉老河，攻殺三衞頭目伯顏等，掠去人畜以萬計。三衞乃相率擕老弱，走匿邊圉。邊臣劉潺以聞，詔予芻糧優卹之。

弘治初，常盜掠古北、開原境，守臣張玉、總兵李杲等以計誘斬其來市者三百人，遂北結脫羅干，請爲復讐，數寇廣寧、寧遠諸處。時海西尚古者，以不得通貢叛中國，數以兵阻諸蕃入貢，諸蕃並銜之。朝廷旋許尚古納款，撫寧猛克帖木兒等皆以尚古爲辭，入寇遼陽，殺掠甚衆。韃靼小王子屢掠三衞，三衞因各叩關輸罪，朝廷許之，然陽爲恭順而已。

朶顏都督花當者，恃險而驕，數請增貢加賞，不許。正德十年，花當子把兒孫以千騎毁鮎魚關，入馬蘭谷大掠，參將陳乾戰死；復以五百騎入板場谷，千騎入神山嶺，又千餘騎入水開洞。事聞，命副總兵桂勇禦之。花當退去，屯駐紅羅山，匿把兒孫，使其子打哈等入朝請罪，詔釋不問。十三年，帝巡幸至大喜峰口，將徵三衞頭目，使悉詣闕下宴勞，不果。

當把兒孫犯邊時，朝廷詔削其職。把兒孫死，其子伯革入貢。嘉靖九年，詔予伯革父爵，而打哈自以花當子不得職，怒，遂先後掠冷口、擦崖、喜峰間。參將袁繼勳等失於防禦，皆逮治。十七年春，指揮徐顯誘殺泰寧部九人，其頭目把當亥率衆寇大清堡，總兵馬永擊斬之。其屬把孫以朶顏部衆復入，鎭守少監王永與戰，敗績。二十二年冬，攻圍墓田谷，殺守備陳舜，副總兵王繼祖等赴援，擊斬三十餘級。其年，詔罷舊設三衞馬市，并新設木市亦罷之。秋，三衞復導韃靼寇遼州，〔四〕入沙河堡，守將張景福戰死。

三衞之迭犯也，實朶顏部哈舟兒、陳通事爲之。二人者，俱中國人，被擄遂爲三衞用。二十九年，韃靼俺答謀犯畿東，舟兒爲指潮河川路。俺答移兵白廟，近古北，舟兒詐言敵已退，邊備緩，俺答遂由鴿子洞、曹榆溝入，直犯畿甸。已，俺答請開馬市，舟兒復往來誘阻之。三十年，薊遼總督何棟購捕至京，伏誅。

朶顏通罕者，俺答子辛愛妻父也。四十二年，古北哨卒出關，爲朶顏所撲殺。俄通罕叩關索賞，副總兵胡鎭伏兵執之。總督楊選將爲牽制辛愛計，乃拘縶通罕，令其諸子更迭爲質。三衞恨甚，遂導俺答入掠順義及三河，選得罪。

萬曆初，朶顏長昂益强，挾賞不遂，數糾衆入掠，截諸蕃貢道。十二年秋，復導土蠻，以四千騎分掠三山、三道溝、錦川諸處。守臣李松請急剿長昂等，朝議不從，僅革其月賞。未幾，復以千騎犯劉家口，官軍禦之，殺傷相當。於是長昂益跋扈自恣，東勾土蠻，西結婚白洪大，以擾諸邊。十七年合韃靼東西二部寇遼東，總兵李成梁逐之，官軍大敗，殲八百人。又二年大掠獨石路。二十二年復擁衆犯中後所，攻入小屯臺，副總兵趙夢麟、秦得倚等力戰却之。明年潛入喜峰口，官軍擒其頭目小郎兒。

二十九年，長昂與董狐狸等皆納款，請復寧前木市，許之。三十四年冬，復糾韃靼班不什、白言台吉等，以萬騎迫山海關，總兵姜顯謨擊走之。長昂復以三千騎窺義院界，邊將有備，乃引去。旋詣喜峰，自言班、白入寇，己不預知。守臣具以聞，詔長昂復貢市，頒給撫賞如例。

長昂死，諸子稍衰，三衞皆靖。崇禎初，與插漢戰於早落兀素，勝之，殺獲萬計，以捷告。未幾，皆服屬於大清云。

校勘記

〔一〕大敗其衆於屈烈河　屈烈河，本書卷七成祖紀、太宗實錄卷一二三永樂二十年七月庚午條都作

「屈裂兒河」。

〔二〕大同參將石亨等復擊其盜邊者於箭谿山　箭谿山，本書卷一七三石亨傳、英宗實録卷一七七正統十四年四月辛未條都作「箭豁山」。

〔三〕二十二年　本書卷一四憲宗紀、憲宗實録卷二九一成化二十三年六月己巳條都作「二十三年」。

〔四〕二十二年冬至秋三衞復導韃靼寇遼州　「冬」後復書「秋」，顯有譌誤。按本書卷十八世宗紀、世宗實録卷三五四嘉靖二十八年十一月壬午條都稱嘉靖二十八年九月三衞犯遼東，「秋」字上疑脱「二十八年」四字。

明史卷三百二十九

列傳第二百十七

西域一

哈密衛　柳城　火州　土魯番

哈密，東去嘉峪關一千六百里，漢伊吾盧地。明帝置宜禾都尉，領屯田。唐爲伊州。宋入於回紇。元末以威武王納忽里鎮之，〔一〕尋改爲肅王。卒，弟安克帖木兒嗣。

洪武中，太祖旣定畏兀兒地，置安定等衞，漸逼哈密。安克帖木兒懼，將納款。成祖初，遣官招諭之，許其以馬市易，卽遣使來朝，貢馬百九十匹。永樂元年十一月至京，帝喜，賜賚有加，命有司給直收其馬四千七百四十匹，擇良者十匹入內廐，餘以給守邊騎士。

明年六月復貢，請封，乃封爲忠順王，賜金印，復貢馬謝恩。已而迤北可汗鬼力赤毒死之，其國人以病卒聞。三年二月遣官賜祭，以其兄子脫脫爲王，賜玉帶。脫脫自幼俘入中國，帝拔之奴隸中，俾列宿衞，欲令嗣爵。恐其國不從，遣官問之，不敢違，請還主其衆。因賜其祖母及母綵幣，旋遣使貢馬謝恩。

四年春，甘肅總兵官宋晟奏，脫脫爲祖母所逐。帝怒，敕責其頭目曰：「脫脫朝廷所立，卽有過，不奏而擅逐之，是慢朝廷也。老人昏耄，頭目亦不知朝廷耶？卽迎歸，善匡輔，俾孝事祖母。」由是脫脫得還，祖母及頭目各遣使謝罪。三月立哈密衞，以其頭目馬哈麻火者等爲指揮千百戶等官，又以周安爲忠順王長史，劉行爲紀善，輔導。冬，授頭目十九人爲都指揮等官。

明年，宋晟奏，頭目陸十等作亂，已誅，慮他變，請兵防禦。帝命晟發兵應之，而以安克帖木兒妻子往依鬼力赤，恐誘賊侵哈密，敕晟謹備。晟卒，以何福代，又敕福開誠撫忠順。會頭目請設把總一人理國政，帝敕福曰：「置把總，是增一王也；政令不一，下安適從。」寢其議。自是，比歲朝貢，悉加優賜，其使臣皆增秩授官。

帝眷脫脫特厚，而脫脫顧凌侮朝使，沈湎昏瞶，不恤國事，其下買杜等交諫不從。帝聞之怒，八年十一月遣官賜敕戒諭之。未至，而脫脫以暴疾卒。訃聞，遣官賜祭。擢都指揮同知哈剌哈納爲都督僉事，鎭守其地，賜敕及白金、綵幣。且封脫脫從弟兔力帖木兒爲忠義王，賜印誥、玉帶，世守哈密。十年，貢馬謝恩，自是修貢惟謹，故王祖母亦數奉貢。

十七年，帝以朝使往來西域者，忠義王致禮延接，命中官齎綺帛勞之，賜其母妻金珠冠服、綵幣，及其部下頭目。其使臣及境內回回尋貢馬三千五百餘匹及貂皮諸物，詔賜鈔三萬二千錠、綺百、帛一千。二十一年貢駝三百三十、馬千匹。

仁宗踐阼，詔諭其國。洪熙元年再入貢，賀即位。仁宗崩，宣宗繼統，其王兔力帖木兒亦卒，使來告哀。

宣德元年遣官賜祭，命故王脫脫子卜答失里嗣忠順王，且以登極肆赦，命其國中亦赦，復貢馬謝恩。明年遣弟北斗奴等來朝，貢駝馬方物。授北斗奴都督僉事，因命中官諭王，遣故忠義王弟脫歡帖木兒赴京。三年以卜答失里年幼，命脫歡帖木兒嗣忠義王，同理國事。自是，二王並貢，歲或三四至，奏求婚娶禮幣，命悉予之。

正統二年，脫歡帖木兒卒，封其子脫脫塔木兒爲忠義王，未幾卒。已而忠順王亦卒，封其子倒瓦答失里爲忠順王。五年遣使三貢，廷議以爲煩，定令每年一貢。

初，成祖之封忠順王也，以哈密爲西域要道，欲其迎護朝使，統領諸番，爲西陲屏蔽。而其王率庸懦，又其地種落雜居。一曰回回，一曰畏兀兒，一曰哈剌灰，其頭目不相統屬，王莫能節制。衆心離渙，國勢漸衰。及倒瓦答失里立，都督皮剌納潛通瓦剌猛可卜花等謀殺王，不克。王父在時，納沙州叛亡百餘家，屢敕王令還，止遣其半，其貢使又數辱驛吏卒，呵叱通事，當四方貢使大宴日，惡言詬詈，天子不加罪，但令慎擇使臣，以是益無忌。其地，北瓦剌，西土魯番，東沙州、罕東、赤斤諸衞，悉與搆怨。由是鄰國交侵。罕東兵抵城外，掠人畜去。沙州、赤斤先後兵侵，皆大獲。瓦剌酋也先，王母弩溫答失里弟也，亦遣兵圍哈密城，殺頭目，俘男婦，掠牛馬駝不可勝計，取王母及妻北還，脅王往見，王懼不敢往，數遣使告難。敕令諸部修好，迄不從，惟王母妻獲還。

十年，也先復取王母妻及弟，幷撒馬兒罕貢使百餘人掠之，又數趣王往見。王外順朝命，實懼也先。十三年夏，親詣瓦剌，居數月方還；而遣使誑天子，謂守朝命不敢往。天子爲賜敕褒嘉。已，知其詐，嚴旨詰責，然其王迄不能自振。會也先方東犯，不復還故土，以是哈密獲少安。

景泰三年遣其臣揑列沙朝貢，請授官。先是，使臣至京必加恩命。是時于謙掌中樞，言哈密世受國恩，乃敢交通瓦剌。今雖歸款，心猶譎詐。若加官秩，賞出無名。乃止。終景泰世，使臣無授官者。

天順元年，倒瓦答失里卒，[三]弟卜列革遣使告哀，卽封爲忠順王。時都指揮馬雲使西域，聞迤北酋乩加思蘭梗道，不敢進。會哈密王報道已通，雲乃行，至哈密。而賊兵實未退，且謀劫朝使。帝疑王與賊通，遣使切責。

四年，王卒，無子，母弩溫答失里主國事。初，也先被誅，其弟伯都王及從子兀忽納走居哈密。王母爲上書乞恩，授伯都王都督僉事，兀忽納指揮僉事。自卜列革之亡，親屬無可繼，命國人議當襲者。頭目阿只等言脫歡帖木兒外孫把塔木兒官都督同知，可繼。王母謂臣不可繼君，而安定王阿兒察與忠順王同祖，爲請襲封。七年冬，奏上，禮官言：「乩加思蘭見哈密無主，謀據其地，勢危急，乞從其請。」帝命都指揮賀玉往。至西寧逗遛不進，哈密使臣苦兒魯海牙請先行，又不許。帝逮玉下吏，改命都指揮李珍，而敕安定、罕東護使臣偕往。阿兒察以哈密多難，力辭不行，珍乃返。

哈密素衰微，又婦人主國，衆益離散。乩加思蘭乘隙襲破其城，大肆殺掠，王母率親屬部落走苦峪，猶數遣使朝貢，且告難。朝廷不能援，但敕其國人速議當繼者而已。其國以殘破故，來者日衆。

成化元年，禮官姚夔等言：「哈密貢馬二百匹，而使人乃二百六十人。以中國有限之財，供外蕃無益之費，非策。」帝下廷臣議，定歲一入貢，不得過二百人，制可。

明年，兵部言王母避苦峪久，今賊兵已退，宜令還故土，從之。已而貢使言其地饑寒，男婦二百餘人隨來丐食，不能歸國。命人給米六斗、布二疋，遣之。

初，國人請立把塔木兒，以王母不肯，無王者八年。至是頭目交章請，詞極哀。乃擢把塔木兒爲右都督，攝行國王事，賜之誥印。五年，王母陳老病乞藥物，帝卽賜之。尋與瓦剌、土魯番遣使三百餘人來貢，邊臣以聞。廷議貢有定期，今前使未回後使又至，且瓦剌强寇，今乃與哈密偕；非哈密挾其勢以邀利，卽瓦剌假其事以窺邊。帝乃却其獻，令邊臣宴賚，遣還。貢使堅不受賜，必欲親詣闕下，乃命遣十之一赴京。

八年，把塔木兒子罕愼以父卒請嗣職。帝許之，而不命其主國事，國中政令無所出。土魯番速檀阿力乘機襲破其城，執王母，奪金印，以忠順王孫女爲妾，據守其地。九年四月，事聞，命邊臣謹戒備，敕罕東、赤斤諸衞協力戰守。尋遣都督同知李文、右通政劉文赴甘肅經略。抵肅州，遣錦衣千戶馬俊奉敕往諭。時阿力留其妹壻牙蘭守哈密，〔三〕而已攜王母、金印已返土魯番。俊至，諭以朝命，抗詞不遜，羈俊月餘。一日，牙蘭忽至，言大兵三萬卽日西來，阿力乃宴勞俊等，舁王母出見。王母懼不敢言，夜潛遣人來云：「爲我奏天子，速發兵救哈密。」文等以聞，遂檄都督罕愼及赤斤、罕東、乜克力諸部集兵進討。十年冬，兵至卜隆吉兒川，諜報阿力集衆抗拒，且結別部謀掠罕東、赤斤二衞。文等不敢進，令二衞還守本土，罕愼及乜克力、畏兀兒之衆退居苦峪，文等亦引還肅州。帝乃命罕愼權主國事，因其請給米布，且賜以穀種。文等無功而還。

土魯番久據哈密，朝命邊臣築苦峪城，移哈密衞於其地。十八年春，罕愼糾罕東、赤斤二衞，得兵一千三百人，與已所部共萬人，夜襲哈密城破之，牙蘭遁走；乘勢連復八城，遂還居故土。巡撫王朝遠以聞，帝喜，賜敕獎勵，并獎二衞。朝遠請封罕愼爲王，且言土魯番亦革心向化，〔四〕與罕愼議和，宜乘時安撫，取還王孫女及金印，俾隨王母共掌國事，哈密國人亦乞封罕愼。廷議不從，乃進左都督，賚白金百兩、綵幣十表裏，特敕獎勞，將士陞賞有差。弘治元年從其國人請，封罕愼爲忠順王。土魯番阿力已死，而其子阿黑麻嗣爲速檀，僞與罕愼結婚，誘而殺之，仍令牙蘭據其地。哈密都指揮阿木郎來奔求救，廷臣請諭土魯番貢使，令復還侵地，幷敕赤斤、罕東，共圖興復。明年，哈密舊部綽卜都等率衆攻牙蘭，殺其弟，奪其叛臣者盼卜等人畜以歸。事聞，進秩加賞。先是，罕愼遣使來貢，未還而遘難，其弟奄克孛剌率部衆逃之邊方，朝命以賜罕愼者還賜其弟。阿黑麻之去哈密也，止留六十人佐牙蘭。阿木郎覘其單弱，請邊臣調赤斤、罕東兵，夜襲破其城，牙蘭遁去，斬獲甚多，有詔獎賚。

當是時，阿黑麻桀傲甚，自以地遠中國，屢抗天子命。及破哈密，貢使頻至，朝廷仍善待之，由是益輕中國。帝乃薄其賜賚，或拘留使臣，却其貢物，敕責令悔罪。已，訪獲忠順王族孫陝巴，將輔立之。阿黑麻漸警懼，三年遣使叩關，願獻還哈密及金印，釋其拘留使臣。天子納其貢，仍留前使者。明年，果以城印來歸，乃從馬文升言，還其所拘使臣。文升又言：「番人重種類，且素服蒙古，哈密故有回回、畏兀兒、哈剌灰三種，北山又有小列禿、乜克力相侵逼，非得蒙古後裔鎮之不可。今安定王族人陝巴，乃故忠義王脫脫近屬從孫，可主哈密。」天子以爲然，而諸番亦共奏陝巴當立。五年春立陝巴爲忠順王，賜印誥、冠服及守城戎器，擢阿木郎都督僉事，與都督同知奄克孛剌共輔之。

已而諸番索陝巴犒賜不得，皆怨。阿木郎又引乜克力人掠土魯番牛馬，阿黑麻怒，六年春潛兵夜襲哈密，殺其人百餘，逃及降者各半。陝巴與阿木郎據大土剌以守。大土剌，華言大土臺也。圍三日不下。阿木郎急調乜克力、瓦剌二部兵來援，俱敗去。乃執陝巴，擒阿木郎支解之。牙蘭復據守，幷移書邊臣訴阿木郎罪。時土魯番先後貢使皆未還。邊臣以其書不遜，且僭稱可汗，乞命將遣兵先剿除牙蘭，然後直抵土魯番，馘阿黑麻之首，取還陝巴。否則降敕嚴責，令還陝巴，乃宥其罪。廷議從後策，令守臣拘貢使，縱數人還，齎敕曉示禍福。帝如其請，命廷推大臣赴甘肅經略。

初，哈密變聞，丘濬謂馬文升曰：「西陲事重，須公一行。」文升曰：「國家有事，臣子義不辭難。然番人嗜利，不善騎射，自古未有西域能爲中國患者，徐當靖之。」濬復以爲言，文升請行。廷臣僉言北寇强，本兵未可遠出，乃推兵部右侍郎張海、都督同知緱謙二人。帝賜敕指授二人，而二人皆庸才，但遣土魯番人歸諭其主，令獻還侵地，駐甘州待之。明年，阿黑麻遣使叩關求貢，詭言願還陝巴及哈密，乞朝廷亦還其使者。海等以聞，請再降敕宣諭。廷議言，先已降敕，今若再降，有傷國體，宜令海等自遣人往諭。不從命，則仍留前使，且盡驅新使出關，永不許貢，仍與守臣檄罕東、赤斤諸部兵，直擣哈密，襲斬牙蘭。如無機可乘，則封嘉峪關，毋納其使。陝巴雖封王，其還與否，於中國無損益，宜別擇賢者代之。帝以陝巴既與中國無損益，則哈密城池已破，如獻還，當若何處之。廷臣復言陝巴乃安定王千奔之姪，忠順王之孫，向之封王，欲令鎮撫一方爾。今被虜，孱弱可知，即使復還，勢難復立。宜革其王爵，居之甘州，犒賚安定王，諭以不復立之故。令都督奄克孛剌總理哈密事，與回回都督寫亦虎仙，哈剌灰都督拜迭力迷失等分領三種番人以輔之。且修濬苦峪城塹，凡番人散處甘、涼者，令悉還其地，給以牛具口糧。若陝巴未還，不必索取，我不急陝巴，彼將自還也。帝悉如其言，敕諭海等。海等見敕書將棄陝巴，甚喜，即逐其貢使，閉嘉峪關，繕修苦峪城，令流寓番人歸其地，拜疏還朝。八年正月至京，言官交章劾其經略無功，並下吏貶秩，而哈密終不還。

文升銳意謀興復，用許進巡撫甘肅以圖之。進偕大將劉寧等潛師夜襲，牙蘭逸去，斬其遺卒，撫降餘衆而還。自明初以來，官軍無涉其地者，諸番始知畏，阿黑麻亦欲還陝巴。

然哈密屢破，遺民入居者旦暮虞寇。阿黑麻果復來攻，固守不下，訖散去。諸人自以窮窘難守，盡焚室廬，走肅州求濟。邊臣以聞，詔賜牛具、穀種，幷發流寓三種番人及哈密之寄居赤斤者，盡赴苦峪及瓜、沙州，俾自耕牧，以圖興復。

時哈密無王，奄克孛剌爲之長。十年遣其黨寫亦虎仙等來貢，給幣帛五千酬其直，使臣猶久留，大肆咆烋。禮官徐瓊等極論其罪，乃驅之去。時諸番以朝廷閉關絕貢不得入，咸怨阿黑麻，阿黑麻悔，送還陝巴及哈密之衆，乞通貢如故。廷議謂無番文不可驟許，必令具文乃從其請。陝巴前議廢，令使暫居甘州，俟衆頭目俱歸心，然後修復哈密城塹，令復舊業。帝悉從之。冬，起王越總制三邊軍務兼經理哈密。十一年秋，越言哈密不可棄，陝巴亦不可廢，宜仍其舊封，令先還哈密，量給修城、築室之費，犒賜三種番人及赤斤、罕東、小列禿、乜克力諸部，以奬前勞，且責後效。帝亦報可。自是，哈密復安，土魯番亦修貢惟謹。

奄克孛剌者，罕慎弟也，與陝巴不相能。當事患之，令陝巴娶罕慎女，與之結好。陝巴嗜酒掊尅，失衆心，部下阿孛剌等咸怨。十七年春，陰搆阿黑麻迎其幼子眞帖木兒主哈密。陝巴懼，挈家走苦峪。奄克孛剌與寫亦虎仙在肅州，邊臣以二人爲番衆所服，令還輔陝巴，與百戶董傑偕行。傑有膽略。既抵哈密，阿孛剌與其黨五人約夜以兵來劫。傑知之，與奄克孛剌等謀，召阿孛剌等計事，立斬之，其下遂不敢叛。乃令陝巴還哈密，眞帖木兒還土魯番。眞帖木兒年十三，其母卽罕愼女也，聞父已死，兄滿速兒嗣爲速檀與諸弟相讐殺，懼不敢歸，願倚奄克孛剌，曰：「吾外祖也。」邊臣慮與陝巴隙，居之甘州。十八年冬，陝巴卒，其子拜牙卽自稱速檀，〔五〕命封爲忠順王。

正德三年，寫亦虎仙入貢，不與通事偕行，自攜邊臣文牒投進。大通事王永怒，疏請究治，寫亦亦奏永需求。永供奉豹房，恃寵恣橫。詔勿究治，兩戒諭之。寫亦自是益輕朝廷，潛懷異志。

初，拜牙卽嗣職，滿速兒與通和，且遣使求眞帖木兒，邊臣言與之便。樞臣謂土魯番稔惡久，今見我扶植哈密，聲勢漸張，乃卑詞求貢，以還弟爲名。我留其弟，正合古人質其親愛之意，不可遽遣。帝從之。六年始命寫亦虎仙偕都督滿哈剌三送之西還，至哈密，奄克孛剌欲止之，二人不可。護至土魯番，遂以國情輸滿速兒，且誘拜牙卽叛。拜牙卽素昏愚，性又淫暴，心怵屬部害己，而滿速兒又甘言誘之，卽欲偕奄克孛剌同往，不從，奔肅州。八年秋，拜牙卽棄城叛入土魯番。滿速兒遣火者他只丁據哈密，又遣火者馬黑木赴甘肅言拜牙卽不能守國，滿速兒遣將代守，乞犒賜。

九年四月，事聞，命都御史彭澤往經略。澤未至，賊遣兵分掠苦峪、沙州，聲言予我金幣萬，卽歸城印。澤抵甘州，謂番人嗜利，可因而款也。遣通事馬驥諭令還侵地及王，當予重賞。滿速兒僞許之，澤卽畀幣帛二千及白金酒器一具。十一年五月，拜疏言：〔六〕「臣遣通事往宣國威，要以重賞，其酋悔過效順，卽以金印及哈密城付之。滿哈剌三、寫亦虎仙二人召還他只丁，幷還所奪赤斤衞印。惟忠順王在他所，未還。請錄效勞人役功，賜臣骸骨歸田里。」帝卽令還朝。忠順王迄不返，他只丁亦不肯退，復要重賞，始以城來歸。

明年五月，甘肅巡撫李昆上言：〔七〕「得滿速兒牒，謂拜牙卽不可復位，卽還故土，已失人心，乞別立安定王千奔後裔。此言良然。如必欲其復國，乞敕滿速兒兄弟送還，仍厚賜繒帛，冀其效順。」廷議：「經略西陲已踰三載，而忠順迄無還期，宜與師絕貢，不可遂其要求，損我威重。但城印歸，國體具在，宜敕責滿速兒背負國恩，求取無厭。仍量賜其兄弟，令其速歸忠順。不從，則閉關絕貢，嚴兵爲備。」從之。

初，寫亦虎仙與滿速兒深相結，故首倡逆謀。已而有隙，滿速兒欲殺之，大懼，求他只丁爲解，許賂幣千五百匹，期至肅州畀之，且啗之入寇，曰肅州可得也。滿速兒喜，令與其壻馬黑木俱入貢，以覘虛實，且徵其賂。邊臣以同來火者撒者兒，乃火者他只丁弟，懼爲變，幷其黨虎都寫亦羈之甘州，而督寫亦虎仙出關，懼不肯去。他只丁聞其弟被拘，怒，復又奪哈密城，請滿速兒移居之，分兵脅據沙州，擁衆入寇，至兎兒壩。遊擊芮寧與參將蔣存禮，都指揮黃榮、王琮各率兵往禦。寧先抵沙子壩，遇賊。賊悉衆圍寧，而分兵綴諸將，寧所部七百人皆戰沒。賊薄肅州城，索所許幣。副使陳九疇固守，且先絕其內應，賊知事洩，慮援兵至，大掠而去。

十二年正月，羽書聞，廷議復命彭澤總制軍務，偕中官張永、都督郤永率師西征。賊還至瓜州，副總兵鄭廉合奄克孛剌兵，擊敗之，斬七十九級。賊乃遁去，又與瓦剌相攻，力不敵，移書求款，澤等乃罷行。

先是，寫亦虎仙與子米兒馬黑木、壻火者馬黑木及其黨失拜烟答俱以內應繫獄，失拜烟答被捶死。及事平，械寫亦虎仙赴京，下刑部獄，其子仍繫甘州。失拜烟答子米兒馬黑麻者，寫亦虎仙姪壻也，以入貢在京，探知王瓊欲傾彭澤，突入長安門訟父冤，下錦衣獄。會兵部、法司請行甘肅訊報，瓊欲因此興大獄，奏遣科道二人往勘。明年，勘至，於澤無所坐。瓊怒，劾澤欺罔辱國，斥爲民。坐昆、九疇激變，逮下吏，並獲重譴。明年，寫亦虎仙亦減死，遂夤緣錢寧，與其壻得侍帝左右。帝悅之，賜國姓，授錦衣指揮，扈駕南征。

滿速兒犯邊後，屢求通貢，不得。十五年歸先所掠將卒及忠順王家屬，復求貢。廷議許之，而王迄不還。巡按御史潘倣力言貢不當許，不聽。明年，世宗嗣位，楊廷和以寫亦虎仙稔中國情實，歸必爲邊患，於遺詔中數其罪，并其子壻伏誅，而用陳九疇爲甘肅巡撫。

時滿速兒比歲來貢，朝廷待之若故，亦不復問忠順王事。嘉靖三年秋，擁二萬騎圍肅州，分兵犯甘州。九疇及總兵官姜奭等力戰敗之，斬他只丁，賊乃却去。事聞，命兵部尚書金獻民西討，抵蘭州，賊已久退，乃引還。九疇因力言賊不可撫，乞閉關絕貢，專固邊防，可之。明年秋，賊復犯肅州，分兵圍參將雲冒，而以大衆抵南山。九疇時已解職，他將援兵至，賊始遁。

當是時，番屢犯邊城，當局者無能振國威，爲邊疆復讐雪恥，而一二新進用事者反借以修怨。由是，封疆之獄起。百戶王邦奇者，素憾楊廷和、彭澤，六年春，上言：「今哈密失國，番賊內侵，由澤賂番求和，廷和論殺寫亦虎仙所致。誅此兩人，庶哈密可復，邊境無虞。」桂萼、張璁輩欲藉此興大獄，斥廷和、澤爲民，盡置其子弟親黨於理，有自殺者。復遣給事、錦衣官往按。番酋牙蘭言非敢獲罪天朝，所以犯邊，由冤殺寫亦虎仙、失拜烟答二人故。今願獻還城印贖前罪。事下兵部，尚書王時中等言：「番酋乞貢數四，先已下總制尚書王憲，因其貢使鐫責。所請當不妄，第其詞出牙蘭，非眞求貢之文，或詐以款我。若果悔罪，必先歸城印及所掠人畜，械送首惡，稽首關門，方可聽許。」帝納之。萼以前獄未竟，必欲重興大獄，請留質牙蘭，遣譯者諭其主還侵地。而與禮、兵二部尚書方獻夫、王時中等協議，爲挑激之詞，言番人上書者四輩，皆委咎前吏，雖詞多詆飾，亦事發有因。宜遣官嚴覈激變虛實，用服其心，其他具如前議。九疇報捷時，言滿速兒、牙蘭已斃礮石下，二人實未死。帝固疑之。覽蕚等議，益疑邊臣欺罔，手詔數百言，切責九疇，欲置之死，而戒首輔楊一清勿黨庇，遂遣官逮九疇。尙書金獻民、侍郎李昆以下，坐累者四十餘人。

七年正月，九疇逮至下獄。蕚等必欲殺之，幷株連廷和、澤。刑部尙書胡世寧力救，帝稍悟，免死戍邊，澤、獻民等皆落職。番酋氣益驕，而蕚又薦王瓊督三邊，盡釋還九疇所繫番使，許之通貢。番酋迄不悔罪，侮玩如故。時以牙蘭獲罪其主，率部帳來歸，邊臣受之。滿速兒怒，其部下虎力納咱兒引瓦剌二千餘騎犯肅州，至老鸛堡，值撒馬兒罕貢使在堡中，賊呼與語，遊擊彭濬急引兵擊之。賊言欲問信通和，濬不聽，進戰，破之。賊遁走赤斤，使人持番文求貢，委罪瓦剌，詞多悖謾。瓊希時貴指，必欲議撫，因言番人且悔，宜原情赦罪，以罷兵息民，幷上濬及副使趙載功狀。章下兵部。

初，胡世寧之救陳九疇也，欲棄哈密不守，言：「拜牙即久歸土魯番，即還故土，亦其臣屬，其他族裔無可繼者。回回一種，早已歸之。哈剌灰、畏兀兒二族逃附肅州已久，不可驅之出關。然則哈密將安興復哉？縱得忠順嫡派，畀之金印，助之兵食，誰與爲守。不過一二年，復爲所奪，益彼富强，辱我皇命，徒使再得城印，爲後日要挾之地。乞聖明熟籌，如先朝和寧交阯故事，置哈密勿問。如其不侵擾，則許之通貢。否則，閉關絕之，庶不以外番疲中國。」詹事霍韜力駁其非。至是，世寧改掌兵部，上言：「番酋變詐多端，欲取我肅州，則漸置奸回於內地。事覺，則多縱反間，傾我輔臣。乃者許之朝貢，使方入關，而賊兵已至，河西幾危。此閉關與通貢，利害較然。今瓊等既言賊薄我城堡，縛我士卒，聲言大舉，以恐嚇天朝，而又言賊方懼悔，宜仍許通貢，何自相牴牾。霍韜又以賊無印信番文爲疑，臣謂卽有印信，亦安足據。第毋墮其術中，以間我忠臣，弛我邊備，斯可矣。牙蘭本我屬番，爲彼掠去，今束身來歸，事屬反正，宜卽撫而用之。招彼攜貳，益我藩籬。至於興復哈密，臣等竊以爲非中國所急也。夫哈密三立三絕，今其王已爲賊用，民盡流亡。借使更立他種，彼强則入寇，弱則從賊，難保爲不侵不叛之臣。故臣以爲立之無益，適令番酋挾爲奸利耳。乞賜瓊璽書，令會同甘肅守臣，遣番使歸諭滿速兒，詰以入寇狀。倘委爲不知，則令械送虎力納咱兒。或事出瓦剌，則縛其人以自贖。否則羈其使臣，發兵往討，庶威信並行，賊知斂戢。更敕瓊爲國忠謀，力求善後之策，以通番納貢爲權宜，足食固圉爲久計，封疆幸甚。」疏入，帝深然之，命瓊熟計詳處，毋輕信番言。

至明年，甘肅巡撫唐澤亦以哈密未易興復，請專圖自治之策。瓊善之，據以上聞，帝報可。自是置哈密不問，土魯番許之通貢，西陲藉以息肩。而哈密後爲失拜烟答子米兒馬黑木所有，〔八〕服屬土魯番。朝廷猶令其比歲一貢，異於諸番，迄隆慶、萬曆朝猶入貢不絕，然非忠順王苗裔矣。

柳城，一名魯陳，又名柳陳城，卽後漢柳中地，西域長史所治。唐置柳中縣。西去火州七十里，東去哈密千里。經一大川，道旁多骸骨，相傳有鬼魅，行旅早暮失侶多迷死。出大川，渡流沙，在火山下，有城屹然廣二三里，卽柳城也。四面皆田園，流水環繞，樹木陰翳。土宜穄麥豆麻，有桃李棗瓜胡蘆之屬。而葡萄最多，小而甘，無核，名鎖子葡萄。畜有牛羊馬駝。節候常和。土人純朴，男子椎結，婦人蒙阜布，其語音類畏兀兒。

永樂四年，劉帖木兒使別失八里，因命賚綵幣賜柳城酋長。明年，其萬戶瓦赤剌卽遣使來貢。七年，傅安自西域還，其酋復遣使隨入貢。帝卽命安賚綺帛報之。十一年夏，遣使隨白阿兒忻台入貢。冬，萬戶觀着叔再遣使隨安入貢。二十年與哈密共貢羊二千。宣德五年，頭目阿黑把失來貢。正統五年、十三年並入貢。自後不復至。

柳城密邇火州、土魯番，凡天朝遣使及其酋長入貢，多與之偕。後土魯番强，二國並爲所滅。

火州，又名哈剌，在柳城西七十里，土魯番東三十里，卽漢車師前王地。隋時爲高昌國。唐太宗滅高昌，以其地爲西州。宋時回鶻居之，嘗入貢。元名火州，與安定、〔九〕曲先諸衞統號畏兀兒，置達魯花赤監治之。

永樂四年五月命鴻臚丞劉帖木兒護別失八里使者歸，因齎綵幣賜其王子哈散。明年遣使貢玉璞方物。使臣言，回回行賈京師者，甘、涼軍士多私送出境，洩漏邊務。帝命御史往按，且敕總兵官宋晟嚴束之。七年遣使偕哈烈、撒馬兒罕來貢。十一年夏，都指揮白阿兒忻台遣使偕俺的干、〔一〇〕失剌思等九國來貢。秋，命陳誠、李暹等以璽書、文綺、紗羅、布帛往勞。十三年冬，遣使隨誠來貢。自是久不至。正統十三年復貢，後遂絕。

其地多山，青紅若火，故名火州。氣候熱。五穀、畜產與柳城同。城方十餘里，僧寺多於民居。東有荒城，卽高昌國都，漢戊己校尉所治。西北連別失八里。國小，不能自立，後爲土魯番所幷。

土魯番，在火州西百里，去哈密千餘里，嘉峪關二千六百里。漢車師前王地。隋高昌國。唐滅高昌，置西州及交河縣，此則交河縣安樂城也。宋復名高昌，爲回鶻所據，嘗入貢。元設萬戶府。

永樂四年遣官使別失八里，道其地，以綵幣賜之。其萬戶賽因帖木兒遣使貢玉璞，明年達京師。六年，其國番僧清來率徒法泉等朝貢。天子欲令化導番俗，卽授爲灌頂慈慧圓智普通國師，徒七人並爲土魯番僧綱司官，賜賚甚厚。由是其徒來者不絕，貢名馬、海青及他物。天子亦數遣官獎勞之。

二十年，其酋尹吉兒察與哈密共貢馬千三百匹，賜賚有加。已而尹吉兒察爲別失八里酋歪思所逐，走歸京師。天子憫之，命爲都督僉事，遣還故土。尹吉兒察德中國，洪熙元年躬率部落來朝。宣德元年亦如之。天子待之甚厚，還國病卒。三年，其子滿哥帖木兒來朝。已而都督鎖愘弟猛哥帖木兒來朝，命爲指揮僉事。五年，都指揮僉事也先帖木兒來朝。正統六年，朝議土魯番久失貢，因米昔兒使臣還，令賚鈔幣賜其酋巴剌麻兒。明年遣使入貢。

初，其地介于闐、別失八里諸大國間，勢甚微弱。後侵掠火州、柳城，皆爲所幷，國日强，其酋也密力火者遂僭稱王。以景泰三年，偕其妻及部下頭目各遣使入貢。天順三年復貢，其使臣進秩者二十有四人。先後命指揮白全、都指揮桑斌等使其國。

成化元年，禮官姚夔等定議，土魯番三年或五年一貢，貢不得過十人。五年遣使來貢，其酋阿力自稱速檀，奏求海青、鞍馬、蟒服、綵幣、器用。禮官言物多違禁，不可盡從，命賜綵幣、布帛。明年復貢，奏求忽撥思箏、鼓羅、鞊鐙、高麗布諸物。廷議不許。

時土魯番愈强，而哈密以無主削弱，阿力欲幷之。九年春，襲破其城，執王母，奪金印，分兵守之而去。朝廷命李文等經略，無功而還。阿力修貢如故，一歲中，使來者三，朝廷仍善待之，未嘗一語嚴詰。貢使益傲，求馴象。兵部言象以備儀衞，禮有進獻，無求索，乃却其請。使臣復言已得哈密城池及瓦剌奄檀王人馬一萬，又收捕曲先幷亦思渴頭目倒刺火只，乞朝廷遣使通道，往來和好。帝曰：「迤西道無阻，不須遣官。阿力果誠心修貢，朝廷不計前愆，仍以禮待。」使臣復言赤斤諸衞，素與有仇，乞遣將士護行，且謂阿力雖得哈密，止以物產充貢，願質使臣家屬於邊，賜敕歸諭其王，獻還城印。帝從其護行之請，而賜敕諭阿力獻王母及城印，卽和好如初。使臣還，復遣他使再入貢，而不還哈密。

十二年八月，甘州守臣言，番使謂王母已死，城印俱存，俟朝廷往諭卽獻還。帝已却其貢使，復俾入京。時大臣專務姑息，致遐方小醜無顧忌。

十四年，阿力死，其子阿黑麻嗣爲速檀，遣使來貢。十八年，哈密都督罕愼潛師擣哈密，克之。賊將牙蘭遁走。阿黑麻頗懼。朝議罕愼有功，將立爲王。阿黑麻聞之，怒曰：「罕愼非忠順族，安得立！」乃僞與結婚。

弘治元年，躬至哈密城下，誘罕愼盟，執殺之，復據其城，而遣使入貢；稱與罕愼締姻，乞賜蟒服及九龍渾金膝襴諸物。使至甘州，而罕愼之變已聞，朝廷亦不罪，但令還諭其主，歸我侵地。番賊知中國易與，不奉命，復遣使來貢。禮官議薄其賞，拘使臣，番賊稍懼。

三年春，偕撒馬兒罕貢獅子，願獻還城印，朝廷亦還其使臣。禮官請却勿納，帝不從。及使還，命內官張芾護行，諭內閣草敕。閣臣劉吉等言：「阿黑麻背負天恩，殺我所立罕愼，宜遣大將直擣巢穴，滅其種類，始足雪中國之憤。或不卽討，亦當如古帝王封玉門關，絕其貢使，猶不失大體。今寵其使臣，厚加優待，又遣中使伴送，此何理哉！陛下事遵成憲，乃無故召番人入大內看戲獅子，大賚御品，誇耀而出。都下聞之，咸爲駭嘆，謂祖宗以來，從無此事。奈何屈萬乘之尊，爲奇獸之玩，俾異言異服之人，雜遝清嚴之地。況使臣滿剌土兒卽罕愼外舅，忘主事讐，逆天無道。而阿黑麻聚集人馬，謀犯肅州，名雖奉貢，意實叵測。兵部議羈其使臣，正合事宜。若不停張芾之行，彼使臣還國，阿黑麻必謂中土帝王可通情希寵，大臣謀國，天子不聽，其奈我何。長番賊之志，損天朝之威，莫甚於此。」疏入，帝止芾行，而問閣臣興師、絕貢二事。吉等以時勢未能，但請薄其賜賚。因言飼獅日用二羊，十歲則七千二百羊矣，守獅日役校尉五十人，一歲則一萬八千人矣。若絕其餧養，聽其自斃，傳之千載，實爲美談。帝不能用。

秋，又遣使從海道貢獅子，朝命却之，其使乃潛詣京師。禮官請治沿途有司罪，仍却其使，從之。當是時，中外乂安，大臣馬文升、耿裕輩，咸知國體，於貢使多所裁損，阿黑麻稍知中國有人。四年秋，遣使再貢獅子，願還金印，及所據十一城。邊臣以聞，許之，果以城印來歸。明年封陝巴爲忠順王，納之哈密，厚賜阿黑麻使臣，先所拘者盡釋還。

六年春，其前使二十七人還，未出境，後使三十九人猶在京師，阿黑麻復襲陷哈密，執陝巴以去。帝命侍郎張海等經略，優待其使，俾得進見。禮官耿裕等諫曰：「朝廷馭外番，宜惜大體。番使自去年入都，久不宣召，今春三月以來，宣召至再，且賜幣帛羊酒，正當讒書投入之時，小人何知，將謂朝廷恩禮視昔有加，乃畏我而然。事干國體，不可不慎。況此賊倔强無禮，久蓄不庭之心。所遣使臣，必其親信腹心，乃令出入禁掖，略無防閑。萬一奸宄窺伺，潛逞逆謀，雖悔何及。今其使寫亦滿速兒等宴賚已竣，猶不肯行，曰恐朝廷復宣召。夫不寶遠物，則遠人格。獅本野獸，不足爲奇，何至上煩鑾輿，屢加臨視，致荒徼小醜，得覲聖顏，藉爲口實。」疏入，帝卽遣還。張海等抵甘肅，遵朝議，却其貢物，羈前後使臣一百七十二人於邊，閉嘉峪關，永絕貢道。而巡撫許進等，又潛兵直擣哈密，走牙蘭，阿黑麻漸懼。其鄰邦不獲貢，胥怨阿黑麻。十年冬，送還陝巴，款關求貢，廷議許之。十二年，其使再求，命前使安置廣東者悉釋還。

十七年，阿黑麻死，諸子爭立，相仇殺。已而長子滿速兒嗣爲速檀，修貢如故。明年，忠順王陝巴卒，子拜牙即襲，昏愚失道，國內益亂。而滿速兒桀黠變詐，踰於父，復有吞哈密之志。

正德四年，其弟眞帖木兒在甘州，貢使乞放還。朝議不許，乃以甘州守臣奏送還。還即以邊情告其兄，共謀爲逆。九年誘拜牙即叛，復據哈密。朝廷遣彭澤經略，贖還城印。其部下他只丁復據之，且導滿速兒犯肅州。自是，哈密不可復得，而患且中於甘肅。會中朝大臣自相傾陷，番酋覘知之，益肆讒搆，賊腹心得侍天子，中國體大虧，賊氣焰益盛。

十五年復許通貢。甘肅巡按潘傚言：「番賊犯順，殺戮摽掠，慘不可勝言。今雖悔罪，果足贖前日萬一乎？數年以來，雖嘗閉關，未能問罪。今彼以困憊求通，且將窺我意向，探我虛實，緩我後圖，誘我重利。不於此時稍正其罪，將益啓輕慢之心，招反覆之釁，非所以尊中國馭外番也。況彼番文執難從之詞，示敢拒之狀，當悔罪求通之日，爲侮慢不恭之語，其變詐已見。若曰來者不拒，馭戎之常，盡略彼事之非，納求和之使，必將叨冒恩禮，飽饜賞犒，和市私販，滿載而歸。所欲既足，驕志復萌，少不慊心，動則藉口，反復之釁，且在目前。叛則未嘗加罪，而反獲鈔掠之利，來則未必見拒，而更有賜賚之榮，何憚不爲。臣謂宜乘窘迫之時，聊爲懾伏之計，雖納其悔過之詞，姑阻其來貢之使，降敕責其犯順，仍索歸還未盡之人。其番文可疑者，詳加詰問，使彼知中國尊嚴，天威難犯，庶幾反側不萌，歸服可久。」時王瓊力主款議，不納其言。

明年，世宗立，賊腹心寫亦虎仙伏誅，失所恃，再謀犯邊。嘉靖三年寇肅州，掠甘州，四年復寇肅州，皆失利去，於是卑詞求貢。會璁、萼等起封疆之獄，遂陰庇滿速兒再許之貢，議已定。賊黨牙蘭者，本曲先人，幼爲番掠，長而黠健，阿力以妹妻之，握兵用事，久爲西陲患，至是獲罪其主，七年夏，率所部二千人來降。有帖木兒哥、土巴者，〔一〕俱沙州番族，土魯番役屬之，歲徵婦女牛馬，不勝侵暴，亦率其族屬數千帳來歸。邊臣悉處之內地。

滿速兒怒，使其部下虎力納咱兒引瓦剌寇肅州，不勝，則復遣使求貢。總督王瓊請許之，詹事霍韜言：「番人攻陷哈密以來，議者或請通貢，或請絕貢，聖諭必有悔罪番文然後許。今王瓊譯進之文，皆其部下小醜之語，無印信足憑。我遽許之，恐戎心益驕，後難駕馭。可虞者一。哈密城池雖稱獻還，然無實據，何以興復。或者遂有棄置不問之議，彼愈得志，必且劫我罕東，誘我赤斤，掠我瓜、沙，外連瓦剌，內擾河西，而邊警無時息矣。可虞者二。牙蘭爲番酋腹心，擁衆來奔，而彼云不知所向，安知非詐降以誘我。他日犯邊，曰納我叛臣也。我不歸彼叛臣，彼不歸我哈密。自是西陲益多事，而哈密終無興復之期。可虞者三。牙蘭之來，日給廩餼，所費實多，猶曰羈縻之策不獲已也。倘番酋擁衆叩關，索彼叛人，將予之耶，抑拒之耶？又或牙蘭包藏禍心，搆變於內，內外協應，何以禦之？可虞者四。或曰今陝西饑困，甘肅孤危，哈密可棄也。臣則曰，保哈密所以保甘、陝也，保甘肅所以保陝西也。若以哈密難守卽棄哈密，然則甘肅難守亦棄甘肅乎？昔文皇之立哈密也，因元遺孽力能自立，因而立之。彼假其名，我享其利。今忠順之嗣三絕矣，天之所廢，孰能興之。今於諸夷中，求其雄傑能守哈密者，卽畀金印，俾和輯諸番，爲我藩蔽，斯可矣，必求忠順之裔而立焉，多見其固也。」

疏入，帝嘉其留心邊計，下兵部確議。尙書胡世寧等力言牙蘭不可棄，哈密不必興復，請專圖自治之策，帝深納其言。自是番酋許通貢，而哈密城印及忠順王存亡置不復問，河西稍獲休息，而滿速兒桀傲益甚矣。

十二年遣臣奏三事。一，請追治巡撫陳九疇罪。一，請遣官議和。一，請還叛人牙蘭。詞多悖慢，朝廷不能罪，但戒以修職貢無妄言。然自寫亦虎仙誅，他只丁陣歿，牙蘭又降，失其所倚賴，勢亦漸孤，部下各自雄長，稱王入貢者多至十五人，政權亦不一。

十五年，甘肅巡撫趙載陳邊事，言：「番酋屢服屢叛，我撫之太厚，信之太深，愈長其奸狡。今後入犯，宜戮其使臣，徙其從人於兩粵，閉關拒絕。卽彼悔罪，亦但許奉貢，不得輒還從人。彼內有所牽，外有所畏，自不敢輕犯。」帝頗採其言。

二十四年，滿速兒死，長子沙嗣爲速檀，其弟馬黑麻亦稱速檀，分據哈密。已而兄弟讐殺，馬黑麻乃結婚瓦剌以抗其兄，且墾田沙州，謀入犯。其部下來告，馬黑麻乃叩關求貢，復求內地安置。邊臣諭止之，乃還故土，與兄同處。總督張珩以聞，詔許其入貢。二十六年定令五歲一貢。其後貢期如令，而來使益多。逮世宗末年，番文至二百四十八道。朝廷重違其情，咸爲給賜。

隆慶四年，馬黑麻嗣兄職，遣使謝恩。其弟瑣非等三人，亦各稱速檀，遣使來貢。禮官請裁其犒賜，許附馬黑麻隨從之數，可之。迄萬曆朝，奉貢不絕。

校勘記

〔一〕以威武王納忽里鎮之　納忽里，太宗實錄卷二九永樂二年六月甲午條、殊域周咨錄卷一二均作「忽納失里」，明史稿傳二〇二哈密衞傳作「納忽失里」。

〔二〕倒瓦答失里卒　倒瓦答失里，原作「倒瓦剌失里」，據上文及英宗實錄卷七一正統五年九月辛丑條改。

〔三〕留其妹壻牙蘭守哈密　牙蘭，本書卷一九九胡世寧傳、世宗實錄卷八九嘉靖七年六月壬寅條、國榷卷三七頁二三四二作「牙木蘭」。下同。

〔四〕且言土魯番亦革心向化　土魯番，原脫「土」字，據明史稿傳二〇二哈密傳、憲宗實錄卷二三五成化十八年十二月庚午條補。

〔五〕其子拜牙即自稱速檀　拜牙即，本書卷一九八彭澤傳、明史紀事本末卷四〇都作「拜牙郎」。

〔六〕十一年五月拜疏言　十一年五月，當作「十年六月」。按彭澤此疏，見武宗實錄卷一二六正德十年六月庚午條。

〔七〕明年五月甘肅巡撫李昆上言　明年，承上指十二年，當作「十一年」。按李昆上言，見武宗實錄卷一三七正德十一年五月己丑條。

〔八〕哈密後爲失拜烟答子米兒馬黑木所有　馬黑木，上文作「馬黑麻」。按上文稱馬黑木爲寫亦虎仙子，馬黑麻爲失拜烟答子。

〔九〕與安定　安定，原作「定安」，據本書卷三三〇安定衛傳、明史稿傳二〇二火州傳、憲宗實錄卷一一八成化九年七月辛卯條改。

〔一〇〕都指揮白阿兒忻台遣使偕俺的干　俺的干，原作「俺的千」，據明史稿傳二〇二火州傳、太宗實錄卷八八永樂十一年六月癸酉條改。按本書卷三三二有俺的干傳。

〔一一〕有帖木兒哥土巴者　帖木兒哥，本書卷一九八王瓊傳作「帖木哥」。

明史卷三百三十

列傳第二百十八

西域二

西番諸衞 西寧河州洮州岷州等番族諸衞　安定衞　阿端衞　曲先衞
赤斤蒙古衞　沙州衞　罕東衞　罕東左衞　哈梅里

西番，即西羌，族種最多，自陝西歷四川、雲南西徼外皆是。其散處河、湟、洮、岷間者，爲中國患尤劇。漢趙充國、張奐、段熲，唐哥舒翰，宋王韶之所經營，皆此地也。元封駙馬章古爲寧濮郡王，鎭西寧，於河州設吐番宣慰司，以洮、岷、黎、雅諸州隸之，統治番衆。

洪武二年，太祖定陝西，即遣官齎詔招諭，其酋長皆觀望。復遣員外郎許允德招之，乃多聽命。明年五月，吐蕃宣慰使何鎖南普等以元所授金銀牌印宣敕來上，〔一〕會鄧愈克河州，遂詣軍前降。其鎭西武靖王卜納剌亦以吐蕃諸部來納款。冬，何鎖南普等入朝貢馬及方物。帝喜，賜襲衣。四年正月設河州衞，命爲指揮同知，予世襲，知院朶兒只、汪家奴並爲指揮僉事。設千戶所八，百戶所七，皆命其酋長爲之。卜納剌等亦至京師，爲靖南衞指揮同知，〔三〕其儕桑加朶兒只爲高昌衞指揮同知，皆帶刀侍衞。自是，番酋日至。尋以降人馬梅、汪瓦兒並爲河州衞指揮僉事。又遣西寧州同知李喃哥等招撫其酋長，至者亦悉授官。乃改西寧州爲衞，以喃哥爲指揮。

帝以西番產馬，與之互市，馬至漸多。而其所用之貨與中國異，自更鈔法後，馬至者少，患之。八年五月命中官趙成齎羅綺、綾絹幷巴茶往河州市之，馬稍集，率厚其值以償。成又宣諭德意，番人感悅，相率詣闕謝恩。山後歸德等州西番諸部落皆以馬來市。

十二年，洮州十八族番酋三副使等叛，據納鄰七站之地。命征西將軍沐英等討之，又命李文忠往籌軍事。英等至洮州舊城，寇遁去，追斬其魁數人，盡獲畜產。遂於東籠山南川度地築城置戍，遣使來奏。帝報曰：「洮州，西番門戶，築城戍守，扼其咽喉。」遂置洮州衞，以指揮聶緯、陳暉等六人守之。已，文忠等言官軍守洮州，餉艱民勞。帝降敕諭之曰：「洮州西控番戎，東蔽湟、隴，漢、唐以來備邊要地。今番寇既斥，棄之不守，數年後番人將復爲患。慮小費而忘大虞，豈良策哉。所獲牛羊，分給將士，亦足充兩年軍食。其如敕行之。」文忠等乃不敢違。

秋，何鎖南普及鎮撫劉溫各攜家屬來朝。諭中書省臣曰：「何鎖南普自歸附以來，信義甚堅。前遣使烏斯藏，遠涉萬里，及歸，所言皆稱朕意。今以家屬來朝，宜加禮待。」乃賜米、麥各三十石，劉溫三之一。

英等進擊番寇，大破之，盡擒其魁，俘斬數萬人，獲馬牛羊數十萬。自是，羣番震慴，不敢爲寇。

十六年，青海酋長史剌巴等七人來歸，賜文綺、寶鈔。時岷州亦設衛，番人歲以馬易茶，馬日蕃息。二十五年又命中官而聶至河州，召必里諸番族，以敕諭之。爭出馬以獻，得萬三百餘匹，給茶三十餘萬觔。命以馬畀河南、山東、陝西騎士。帝以諸衛將士有擅索番人馬者，遣官賫金、銅信符敕諭，往賜涼州、甘州、肅州、永昌、山丹、臨洮、鞏昌、西寧、洮州、河州、岷州諸番族。諭之曰：「往者朝廷有所需，必酬以茶貨，未許私徵。近聞邊將無狀，多假朝命擾害，俾爾等不獲寧居。今特製金、銅信符頒給，遇有徵發，必比對相符始行，否則僞，械至京，罪之。」自是，需求遂絕。

初，西寧番僧三剌爲書招降罕東諸部，又建佛剎於碾白南川，以居其衆，至是來朝貢馬，請敕護持，賜寺額。帝從所請，賜額曰瞿曇寺。立西寧僧綱司，以三剌爲都綱司。又立河州番、漢二僧綱司，並以番僧爲之，紀以符契。自是，其徒爭建寺，帝輒錫以嘉名，且賜敕護持。番僧來者日衆。

永樂時，諸衞僧戒行精勤者，多授剌麻、禪師、灌頂國師之號，有加至大國師、西天佛子者，悉給以印誥，許之世襲，且令歲一朝貢，由是諸僧及諸衞土官輻輳京師。其他族種，如西寧十三族、岷州十八族、洮州十八族之屬，大者數千人，少者數百，亦許歲一奉貢，優以宴賚。西番之勢益分，其力益弱，西陲之患亦益寡。

宣德元年，以協討安定、曲先功，加國師吒思巴領占等五人爲大國師，給誥命、銀印，秩正四品，加剌麻著星等六人爲禪師，給敕命、銀印，秩正六品。

正統五年敕陝西鎭守都督鄭銘、都御史陳鎰曰："得奏，言河州番民領占等先因避罪，逃居結河里，招集徒黨，占耕土田，不注籍納賦，又藏匿逃亡，剽劫行旅，欲發兵討之。朕念番性頑梗，且所犯在赦前，若遽加師旅，恐累及無辜。宜使人撫諭，令散遣徒黨，還所掠牛羊，兵即勿進，否則加兵未晚。爾等其審之。"番人果輸服。七年再敕銘及都御史王翺等曰："得鎭守河州都指揮劉永奏：往歲阿爾官等六族三千餘人，列營歸德城下，聲言交易，後乃鈔掠屯軍，大肆焚戮；而著亦匝族番人屢於熌泉亭諸處，潛爲寇盜。指揮張瑀擒獲二人，止責償所盜馬，縱之使去。論法，瑀及永皆當究治，今姑令戴罪。爾等卽遣官偕三司堂上親詣其寨，曉以利害，令還歸所掠，許其自新，不悛，則進討。蓋馭戎之道，撫綏爲先，撫之不從，然後用兵。爾等宜體此意。」番人亦輸服。

成化三年，陝西副使鄭安言：「進貢番僧，自烏斯藏來者不過三之一，餘皆洮、岷寺僧詭名冒貢。進一羸馬，輒獲厚直，得所賜幣帛，製爲戰袍，以拒官軍。本以羈縻之，而益致寇掠，是虛國帑而賫盜糧也。」章下禮部，〔三〕會廷臣議，請行陝西文武諸臣，計定貢期、人數及存留、起送之額以聞，報可。已而奏上，諸自烏斯藏來者皆由四川入，不得徑赴洮、岷，遂著爲例。明年冬，洮州番寇擁衆掠鐵城、後川二寨，指揮張翰等率兵禦之，敗去，獲所掠人口以歸。

五年，巡按江孟綸言：〔四〕「岷州番寇縱横，村堡爲虛。頃令指揮后泰與其弟通反覆開示，〔五〕生番忍藏、占藏等三十餘族酋長百六十餘人，熟番栗林等二十四族酋長九十一人，轉相告語，悔過來歸，且還被掠人畜，願供徭賦。殺牛告天，誓不再犯。已令副使李玘從宜賞勞，宣示朝廷恩威，皆歡躍而去。惟熟番綠園一族怙惡不服。」兵部言：「番性無常，朝撫夕叛，未可弛備。請諭邊臣，向化者加意撫綏，犯順者克期剿滅。」帝納其言。

八年，禮官言：「洮、岷諸衞送各族番人赴京，多至四千二百餘人，應賞綵幣人二表裏，帛如之，鈔二十九萬八千有奇，馬直尚在其外。考正統、天順間，各番貢使不過三五百人。成化初，因洮、岷諸處濫以熟番作生番冒送，已定例，生番三年一貢，大族四五人，小族一二人赴京，餘悉遣還。成化六年，副使鄧本瑞妄自招徠，又復冒送，臣部已重申約束。今副使吳琛等不能嚴飭武備，專事通番，以紓近患。乞降敕切責，務遵前令。」帝亦如其言。

西寧即古湟中，其西四百里有青海，又曰西海，水草豐美。番人環居之，專務畜牧，日益繁滋，素號樂土。正德四年，蒙古部酋亦不剌、阿爾禿廝獲罪其主，擁衆西奔。瞰知青海饒富，襲而據之，大肆焚掠。番人失其地，多遠徙。其留者不能自存，反爲所役屬。自是甘肅、西寧始有海寇之患。九年，總制彭澤集諸道軍，將擣其巢。寇詗知之，由河州渡黃河，奔四川，出松潘、茂州境，直走烏斯藏。及大軍引還，則仍返海上，惟阿爾禿廝遁去。

嘉靖二年，尚書金獻民西征，議遣官招撫，許爲藩臣，如先朝設安定、曲先諸衞故事。兵部行總制楊一淸計度，一淸意在征討，言寇精騎不過二三千，餘皆脅從番人，然怨之入骨，時欲報讐，可用爲間諜，大舉剿絕。議未定，王憲、王瓊相繼來代，皆以兵寡餉詘，議竟不行。

八年，洮、岷諸番數犯臨洮、鞏昌，內地騷動。樞臣李承勳言：「番爲海寇所侵，日益內徙。倘二寇交通，何以善後。昔趙充國不戰而服羌，段熲殺羌百萬而內地虛耗，兩者相去遠矣。乞廣先帝之明，專充國之任，制置方略，悉聽瓊便宜從事。」瓊乃集衆議，且剿且撫。先遣總兵官劉文、遊擊彭棫分布士馬。明年二月自固原進至洮、岷，遣人開示禍福。洮州東路木舍等三十一族，西路荅祿失等十三族，岷州西寧溝等十五族，皆聽撫，給白旂犒賜遣歸。惟岷州東路若籠族、西路板爾等十五族及岷州剌卽等五族，恃險不服。乃分兵先攻若籠、板爾二族，覆其巢，剌卽諸族震慴乞降。凡斬首三百六十餘級，撫定七十餘族，乃班師。自是，洮、岷獲寧，而西寧仍苦寇患。

十一年，甘肅巡撫趙載等言：「亦不剌據海上已二十餘年，其黨卜兒孩獨傾心向化，求帖木哥等屬番來納款。宜因而撫之，或俾之納馬，或令其遣質，或授官給印，建立衞所，爲我藩籬，於計爲便。」疏甫上，會河套酋吉囊引衆西掠，大破亦不剌營，收其部落大半而去，惟卜兒孩一枝斂衆自保。由是西寧亦獲休息，而納款之議竟寢。及唐龍爲總制，寇南掠松潘。龍慮其回巢與諸番及他部勾結爲患，奏行甘肅守臣，繕兵積粟，爲殄滅計。及龍去，事亦不行。

二十年正月，卜兒孩獻金牌、良馬求款。兵部言：「寇果輸誠通貢，誠西陲大利。乃止獻馬及金牌，未有如往歲遣子入侍、酋長入朝之請，未可遽許。宜令督撫臣偵察情實，並條制馭之策以聞。」報可。會寇勢漸衰，番人亦漸復業，其議復寢。

二十四年設岷州，隸鞏昌府。岷西臨極邊，番漢雜處。洪武時，改土番十六族爲十六里，設衞治之，俾稍供徭役。自設州之後，徵發繁重，人日困敝。且番人戀世官，而流官又不樂居，遙寄治他所。越十餘年，督撫合疏言不便，乃設衞如故。

時北部俺答猖獗，歲掠宣、大諸鎭。又羨青海富饒，三十八年攜子賓兔、丙兔等數萬衆，襲據其地。卜兒孩竄走，遂縱掠諸番。已，引去，留賓兔據松山，丙兔據青海，西寧亦被其患。隆慶中，俺答受封順義王，修貢惟謹，二子亦斂戢。

時烏斯藏僧有稱活佛者，諸部多奉其敎。丙兔乃以焚修爲名，請建寺青海及嘉峪關外，爲久居計。廷臣多言不可許，禮官言：「彼已採木興工，而令改建於他所，勢所不能，莫若因而許之，以鼓其善心，而杜其關外之請。況中國之禦戎，惟在邊關之有備。戎之順逆，亦不在一寺之遠近。」帝許之。丙兔既得請，又近脅番人，使通道松潘以迎活佛。四川守臣懼逼，乞令俺答約束其子，毋擾鄰境。俺答言，丙兔止因甘肅不許開市，寧夏又道遠艱難，雖有禁令，不能盡制。宣大總督方逢時亦言開市爲便。帝以責陝西督撫，督撫不敢違。

萬曆二年冬，許丙兔市於甘肅，賓兔市於莊浪，歲一次。旣而寺成，賜額仰華。

先是，亦不剌之據青海，邊臣猶以外寇視之。至是以俺答故，竟視若屬番。諸酋亦以父受王封，不敢大爲邊患，而洮州之變乃起。初，洮州番人以河州奸民負其物貨，入掠內地，他族亦乘機爲亂。奸民以告河州參將陳堂，堂曰：「此洮州番也，何與我事。」洮州參將劉世英曰：「彼犯河州，非我失事。」由是二將有隙。總督石茂華聞之，令二人及蘭州參將徐勳、岷州守備朱憲、舊洮州守備史經各引兵壓其境，曉以利害。番人懼，卽還所掠人畜。世英謂首惡未擒，不可遽已，遂剿破之，殺傷及焚死者無算。軍律，吹銅角乃退兵。堂挾前憾，不待角聲而去，諸部亦多引去。憲、經方深入搜捕，鄰番見其勢孤，圍而殺之。事聞，帝震怒，褫堂、世英職，切責茂華等。茂華乃集諸軍分道進討，斬首百四十餘級，焚死者九百餘人，獲孳畜數十羣。諸番震恐遠徙，來降者七十一族，斬送首惡四人，生縛以獻者二人，輸馬牛羊二百六十。稽首謝罪，誓不再犯，師乃還。

自丙兔據青海，有切盡台吉者，河套酋吉能從子，俺答從孫也，從之而西。屢掠番人不得志，邀俺答往助。俺答雅欲侵瓦剌，乃假迎活佛名，擁衆西行。疏請授丙兔都督，賜金印，且開茶市。部議不許，但稍給以茶。俺答旣抵瓦剌，戰敗而還。乃移書甘肅守臣，乞假道赴烏斯藏。守臣不能拒，遂越甘肅而南，會諸酋於海上。番人益遭蹂躪，多竄徙。八年春，始以活佛言東還，而切盡弟火落赤及俺答庶兄子永邵卜遂留居青海不去。八月，丙兔率衆掠番並內地人畜，詔絕其市賞。俺答聞之，馳書切責。乃盡還所掠，執獻爲惡者六人，自罰牛羊七百。帝嘉其父恭順，賚之銀幣，卽以牛羊賜其部人，爲惡者付之自治，仍許貢市，俺答益感德。而火落赤侵掠番族不休，守臣檄切盡台吉約束之，亦引罪輸服。及俺答卒，傳至孫扯力克，勢輕，不能制諸酋。

十六年九月，永邵卜部衆有闌入西寧者，副總兵李奎方被酒，躍馬而前。部衆控鞍欲愬，奎拔刀斫之，衆遂射奎死。部卒馳救之，亦多死。守臣不能討，遣使詰責，但獻首惡，還人畜而止。以故無所憚，愈肆侵盜。時丙兔及切盡台吉亦皆死，丙兔子眞相移駐莽剌川，火落赤移駐捏工川，逼近西寧，日蠶食番族。番不能支，則折而爲寇用。扯力克又西行助之，勢益熾。十八年六月入舊洮州，副總兵李聯芳率三千人禦之，盡覆。七月復深入，大掠河州、臨洮、渭源。總兵官劉承嗣與遊擊孟孝臣各將一軍禦之，皆敗績，遊擊李芳等死焉，西陲大震。

事聞，命尙書鄭洛出經略。洛前督宣大軍，撫順義王及忠順夫人有恩。遣使趣扯力克東歸，而大布招番之令，來者率善遇之，自是歸附者不絕。火、眞二酋自知罪重，又聞套酋卜失兔來助，大敗於水泉口，扯力克復將還巢，始懼。徙帳去，留其黨可卜兔等於莽剌川。明年，總兵官尤繼先破走之。洛更進兵青海，焚仰華寺，逐其餘衆而還。番人復業者至八萬餘人，西陲暫獲休息。已，復聚於青海。

二十三年增設臨洮總兵官，以劉綎任之。未幾，永邵卜諸部犯南川，參將達雲大破之。已，連火、眞二酋犯西川，雲又擊破之。明年，諸酋復掠番族，將窺內地。綎部將周國柱禦之莽剌川，又大破之。二十七年糾叛苗犯洮、岷，總兵官蕭如薰等敗之，斬番人二百五十餘級，寇八十二級，撫降番族五千餘人。三十四年復入鎭番黑古城，〔六〕爲總兵官柴國柱所敗。自是屢入鈔掠，不能大得志。

時爲陝西患者，有三大寇：一河套，一松山，一青海。青海土最沃，且有番人屏蔽，故患猶不甚劇。崇禎十一年，李自成屢爲官軍擊敗，自洮州軼出番地。諸將窮追，復奔入塞內，番族亦遭蹂躪。十五年，西寧番族作亂，總兵官馬爌督諸將五道進剿，斬首七百有奇，撫降三十八族而還。明年冬，李自成遣將陷甘州，獨西寧不下。賊將辛恩忠攻破之，〔七〕遂進掠青海。諸酋多降附，而明室亦亡。

番有生熟二種。生番獷悍難制。熟番納馬中茶，頗柔服，後寖通生番爲內地患。自青海爲寇所據，番不堪剽奪，私饋皮幣曰手信，歲時加饋曰添巴，或反爲嚮導，交通無忌。而中國市馬亦鮮至，蓋已失捍外衞內之初意矣。

原夫太祖甫定關中，卽法漢武創河西四郡隔絕羌、胡之意，建重鎭於甘肅，以北拒蒙古，南捍諸番，俾不得相合。又遣西寧等四衞土官與漢官參治，令之世守。且多置茶課司，番人得以馬易茶。而部族之長，亦許其歲時朝貢，自通名號於天子。彼勢旣分，又動於利，不敢爲惡。卽小有蠢動，邊將以偏師制之，靡不應時底定。自邊臣失防，北寇得越境闌入，與番族交通，西陲遂多事。然究其時之所患，終在寇而不在番，故議者以太祖制馭爲善。

安定衞，距甘州西南一千五百里。漢爲婼羌，唐爲吐蕃地，元封宗室卜烟帖木兒爲寧王鎭之。其地本名撒里畏兀兒，廣袤千里，東近罕東，北邇沙州，南接西番。居無城郭，以氈帳爲廬舍。產多駝馬牛羊。

洪武三年遣使持詔招諭。七年六月，卜烟帖木兒使其府尉麻答兒等來朝，貢鎧甲刀劍諸物。太祖喜，宴賚其使者，遣官厚賚其王，而分其地爲阿端、阿眞、苦先、帖里四部，〔八〕各錫以印。明年正月，其王遣傅卜顏不花來貢，上元所授金、銀字牌，請置安定、阿端二衞，從之。乃封卜烟帖木兒爲安定王，以其部人沙剌等爲指揮。

九年命前廣東參政鄭九成等使其地，賚王及其部人衣幣。明年，王爲沙剌所弑，王子板咱失里復讐，誅沙剌。沙剌部將復殺王子，部內大亂。番將朶兒只巴叛走沙漠，經安定，大肆殺掠，奪其印去，其衆益衰。二十五年，藍玉西征，徇阿眞川。土酋司徒哈昝等懼，逃匿山谷不敢出。及肅王之國甘州，遣僧諭王，乞授官以安部衆。王爲奏請，帝許之。二十九年命行人陳誠至其地，復立安定衞。其酋長哈孩虎都魯等五十八人悉授指揮、千百戶等官。〔九〕誠還，酋長隨之入朝，貢馬謝恩。帝厚賚之，復命中官齎銀幣往賜。

永樂元年遣官齎敕撫諭撒里諸部。明年，安定頭目多來朝，擢千戶三卽等三人爲指揮僉事，餘授官有差，幷賜本衞指揮同知哈三等銀幣。未幾，指揮朶兒只束來朝，願納差發馬五百匹，命河州衞指揮康壽往受之。壽言：「罕東、必里諸衞納馬，其直皆河州軍民運茶與之。今安定遼遠，運茶甚難，乞給以布帛。」帝曰：「諸番市馬用茶，已著爲例。今姑從所請，後仍給茶。」於是定制，上馬給布帛各二匹，以下遞減。三年，哈三等遣使來貢，奏舉頭目撒力加藏卜等爲指揮等官，且請歲納孳畜什一，並從之。四年徙駐苦兒丁之地。

初，安定王之被殺也，其子撒兒只失加爲其兄所殺，部衆潰散，子亦攀丹流寓靈藏。十一年五月率衆入朝，自陳家難，乞授職。帝念其祖率先歸附，令襲封安定王，賜印誥。自是朝貢不輟。

二十二年，中官喬來喜、鄧誠使烏斯藏，次畢力术江黃羊川。安定指揮哈三孫散哥及曲先指揮散卽思等率衆邀劫之，殺朝使，盡奪駝馬幣物而去。仁宗大怒，敕都指揮李英偕康壽等討之。英等率西寧諸衞軍及隆奔國師賈失兒監藏等十二番族之衆，深入追賊，賊遠遁。英等踰崑崙山西行數百里，抵雅令闊之地，遇安定賊，擊敗之，斬首四百八十餘級，生擒七十餘人，獲駝馬牛十四萬有奇。曲先聞風遠竄，追之不及而還。英以此封會寧伯，〔一〇〕壽等皆進秩。大軍旣旋，指揮哈三等懼罪，不敢還故地。

宣德元年，帝遣官招諭之，復業者七百餘人。帝並賜綵幣表裏，以安其反側。三年春，賜安定及曲先衞指揮等官五十三人誥命。

初，大軍之討賊也，安定指揮桑哥與罕東衞軍同奉調從征。罕東違令不至，其所轄板納族𠻳桑哥軍遠出，盡掠其部內廬帳畜產。事聞，降敕切責，令速歸所掠，違命則發兵進討。已，進桑哥都指揮僉事。

正統元年遣官齎敕諭安定王及桑哥曰：「我祖宗時，爾等順天命，尊朝廷，輸誠効力，始終不替，朝廷恩賚亦久而弗渝。肆朕嗣位，爾等復遵朝命，約束部下，良用爾嘉。茲特遣官往諭朕意，賜以幣帛。宜益順天心，篤忠誠，保境睦鄰，永享太平之福。」三年，桑哥卒，其子那南奔嗣職。九年，那南奔率衆掠曲先人畜。朝廷遣官諭還之，不奉命，反劫其行李。帝怒，敕責安定王追理。王既奉命，又陳詞乞憐。帝乃宥之，諭以保國睦鄰之義。十一年冬，亦攀丹卒，子領占幹些兒襲。時王年幼，叔父指揮同知輟思泰巴佐理國事，其同儕多不相下。王遣之入朝，奏請量加一秩，乃擢都指揮僉事。歷景泰、天順、成化三朝，頻入貢。弘治三年，領占幹些兒卒，子千奔襲。賜齋糧、麻布，諭祭其父。先是，哈密忠順王卒，無子。廷議安定王與之同祖，遣官擇一人爲其後，安定王不許。至是，訪求陝巴於安定，册爲忠順王，命千奔遣送其家屬。千奔怒曰：「陝巴不應嗣王爵，爵應歸綽爾加。」綽爾加者，千奔弟也。且邀厚賞。兵部言：「陝巴實忠順王之孫，素爲國人所服。前哈密無主，遣使取應立者，綽爾加自知力弱不肯往。今事定之後，乃爾反覆，所言不可從。」陝巴迄得立。然千奔以立非己意，後哈密數被寇，竟不應援。十七年率衆侵沙州，大掠而去。正德時，蒙古大酋亦不剌、阿爾禿厮侵據青海，縱掠鄰境。安定遂殘破，部衆散亡。

阿端衞，在撒里畏兀兒之地，洪武八年置。後爲朶兒只巴殘破，其衞遂廢。永樂四年冬，酋長小薛忽魯札等來朝，貢方物，請復置衞設官，從之，卽授小薛等爲指揮僉事。洪熙時，曲先酋散卽思邀刼朝使，脅阿端指揮鎖魯丹偕行。已，大軍出征，鎖魯丹懼，率部衆遠竄，失其印。宣德初遣使招撫，鎖魯丹猶不敢歸，依曲先雜處。六年春，西寧都督史昭言：「曲先衞眞只罕等本別一部，因其父助散卽思爲逆，竄處畢力术江。其地當烏斯藏孔道，恐復爲亂，宜討之。」帝敕昭曰：「殘寇窮迫，無地自容，宜遣人宥其罪，命復故業。」於是眞只罕率所部還居帖兒谷舊地。明年正月入朝，天子喜，授指揮同知，令掌衞事，以指揮僉事卜答兀副之。眞只罕因言：「阿端故城在回回境，去帖兒谷尙一月程，朝貢艱，乞移本土爲便。」天子從其請，仍給以印，賜璽書撫慰之。迄正統朝，數入貢，後不知所終。

其時西域地亦有名阿端者，貢道從哈密入，與此爲兩地云。

曲先衞，東接安定，在肅州西南。古西戎，漢西羌，唐吐蕃，元設曲先答林元帥府。洪武時，酋長入貢。命設曲先衞，官其人爲指揮。後遭朶兒只巴之亂，部衆竄亡，併入安定衞，居阿眞之地。永樂四年，安定指揮哈三、散卽思、三卽等奏：「安定、曲先本二衞，後合爲一。比遭吐番把禿侵擾，不獲寧居。乞仍分爲二，復先朝舊制。」從之。卽令三卽爲指揮使，掌衞事，散卽思副之。又從其請，徙治藥王淮之地。自是屢入貢。

洪熙時，散卽思偕安定部酋劫殺朝使。已，大軍往討，散卽思率衆遠遁，不敢還故土。宣德初，天子赦其罪，遣都指揮陳通等往招撫，復業者四萬二千餘帳。乃遣指揮失剌罕等入朝謝罪，貢駝馬，待之如初。尋擢散卽思都指揮同知，其僚屬悉進官，給以誥命。

五年六月，朝使自西域還，言散卽思數率部衆邀劫往來貢使，梗塞道途。天子怒，命都督史昭爲大將，率左右參將趙安、王彧及中官王安、王瑾，督西寧諸衞軍及安定、罕東之衆，往征之。昭等兵至其地，散卽思先遁，其黨脫脫不花等迎敵。〔二〕諸將縱兵擊之，殺傷甚衆，生擒脫脫不花及男婦三百四十餘人，獲駝馬牛羊三十四萬有奇。自是西番震慴。散卽思素狡悍，天子宥其罪，仍怙惡不悛。至是人畜多損失，乃悔懼。明年四月遣其弟副千戶堅都等四人貢馬請罪。復待之如初，令還居故地，幷歸其俘。

七年，其指揮那那罕言：「往者安定之兵從討曲先，臣二女、四弟及指揮桑哥等家屬被掠者五百人。今散卽思已蒙赦宥，而臣等親屬猶未還，望聖明垂憐。」天子得奏惻然，語大臣曰：「朕常以用兵爲戒，正恐濫及無辜。彼不自言，何由知之。」卽敕安定王亦攀丹等悉歸所掠。其年，散卽思卒，命其子都立嗣職，賜敕勉之。十年擢那那罕都指揮僉事，其僚屬進職者八十九人。正統七年遣使貢玉石。成化時，土魯番强，被其侵掠。

弘治中，安定王子陝巴居曲先。廷議哈密無主，迎爲忠順王。正德七年，蒙古酋阿爾禿厮亦不剌竄居青海，曲先爲所蹂躪，部族竄徙，其衞遂亡。

明初設安定、阿端、曲先、罕東、赤斤、沙州諸衞，給之金牌，令歲以馬易茶，謂之差發。沙州、赤斤隸肅州，餘悉隸西寧。時甘州西南盡皆番族，受邊臣羈絡，惟北面防寇。後諸衞盡亡，亦不剌據青海，土魯番復據哈密，逼處關外。諸衞遷徙之衆又環列甘肅肘腋，獷悍難馴。於是河西外防大寇，內防諸番，兵事日亟。

赤斤蒙古衞。出嘉峪關西行二十里曰大草灘，又三十里曰黑山兒，又七十里曰回回墓，墓西四十里曰騸馬城，並設墩臺，置瞭卒。城西八十里卽赤斤蒙古。漢燉煌郡地，晉屬晉昌郡，唐屬瓜州，元如之，屬沙州路。

洪武十三年，都督濮英西討，次白城，獲蒙古平章忽都帖木兒。進至赤斤站，獲豳王亦憐眞及其部曲千四百人，金印一。師還，復爲蒙古部人所據。

永樂二年九月，有塔力尼者，自稱丞相苦术子。率所部男婦五百餘人，自哈剌脫之地來歸。詔設赤斤蒙古所，以塔力尼爲千戶，賜誥印、綵幣、襲衣。八年，回回哈剌馬牙叛於肅州，約塔力尼爲援。拒不應，而率部下擒賊六人以獻。天子聞之喜，詔改千戶所爲衞，擢塔力尼指揮僉事，其部下授官者三人。明年遣使貢馬。又明年以匿叛賊老的罕，將討之。用侍講楊榮言，止兵勿進，而賜敕詰責，塔力尼卽擒老的罕來獻。天子嘉之，進秩指揮同知，賜賚甚厚。久之卒，子且旺失加襲，修貢如制，進指揮使。宣德二年再進都指揮同知，其僚屬亦多進秩。

正統元年，其部下指揮可兒卽掠西域阿端貢物，殺使臣二十一人。賜敕切責，令還所掠。尋與蒙古脫歡帖木兒、猛哥不花戰，勝之，使來獻捷，進都指揮使。五年，朝使往來哈密者，且旺失加具餱糧、騾馬護送，擢都督僉事。明年，天子聞其部下時往沙州寇掠，或冒沙州名，邀劫西域貢使，遣敕切責。

時瓦剌兵强，數侵掠鄰境。且旺失加懼，欲徙居肅州。天子聞而諭止之，令有警馳報邊將。八年，瓦剌酋也先遣使送馬及酒，欲娶且旺失加女爲子婦，娶沙州困卽來女爲弟婦。二人不欲，並奏遵奉朝命，不敢擅婚。天子以瓦剌方强，其禮意不可却，諭令各從其願，並以此意諭也先，而二人終不欲。明年，且旺失加稱老不治事。詔授其子阿速都督僉事，代之。也先復遣使求婚，且請親人往受其幣物。阿速虞其詐，拒不從，而遣人乞徙善地。天子諭以土地不可棄，令獎率頭目圖自强。又以其饑困，令邊臣給之粟，所以撫恤者甚至。

先是，苦术娶西番女，生塔力尼；又娶蒙古女，生都指揮瑣合者、革古者二人。各分所部爲三，凡西番人居左帳，屬塔力尼，蒙古人居右帳，屬瑣合者，而自領中帳。後苦术卒，諸子來歸，並授官。至是阿速勢盛，欲兼幷右帳，屢相讐殺。瑣合者不能支，愬於邊將，欲以所部內屬。邊將任禮遣赴京，請發兵收其部落。帝慮其部人不願內徙，仍遣瑣合者還甘肅，而令禮往取其孥。十三年，邊將護哈密使臣至苦峪。赤斤都指揮總兒加陸等率衆圍其城，聲言報怨。官軍出擊之，獲總兒加陸，已而逃去。事聞，敕責阿速，令縛獻犯者。

景泰二年，也先復遣使持書求婚。會阿速他往，其僚屬以其書來上。兵部尚書于謙言：「赤斤諸衞久爲我藩籬，也先無故招降結親，意在撤我屏蔽。宜令邊臣整兵愼防，幷敕阿速悉力捍禦，有警馳報，發兵應援。」從之。五年，也先益圖兼并，遣使齎印授阿速，脅令臣服。阿速不從，報之邊臣。會也先被殺，獲已。

天順元年，都指揮馬雲使西域，命賜阿速綵幣，俾護送往還。尋進秩左都督。成化二年卒，子瓦撒塔兒請襲，即以父官授之。其部下指揮敢班數侵盜邊境，邊將誘致之，送京師。天子數其罪，賜賚遣還。六年，其部人以瓦撒塔兒幼弱，其叔父乞巴等二人爲部族信服，乞命爲都督，理衞事。瓦撒塔兒亦上書，乞予一職，協守邊方。帝從其請，並授指揮僉事。明年，瓦撒塔兒卒，子賞卜塔兒嗣爲左都督。

九年，土魯番陷哈密，遣使三人，以書招都督僉事昆藏同叛。昆藏不從，殺其使，以其書來獻。天子嘉之，遣使賜賚，且令發兵攻討。昆藏以力不足，請發官軍數千爲助。朝議委都督李文等計度。已，文等進征，昆藏果以兵來會。會文等頓軍不進，其兵亦還。

十年，賞卜塔兒以千騎入肅州境，將與阿年族番人讐殺。邊臣旣諭却之，兵部請遣人責以大義，有讐則赴愬邊吏，不得擅相侵掠，從之。十四年，其部人言賞卜塔兒幼不更事，指揮僉事加定得衆心，乞遷一秩，俾總衞事。賞卜塔兒亦署名推讓。而罕東酋長復合詞奏舉，且云兩衞番人，待此以靖。帝納其言，擢加定都指揮僉事，暫掌印務。時土魯番猶據哈密。哈密都督罕慎結赤斤爲援，復其城，有詔褒賞。

十九年，鄰番野乜克力來侵，大肆殺掠，赤斤遂殘破。其酋長訴於邊臣，給之粟。又命繕治其城，令流移者復業，赤斤自是不振。然弘治中，阿木郎破哈密，猶用其兵。後許進西征，亦以兵來助。正德八年，土魯番遣將據哈密，遂大掠赤斤，奪其印而去。及彭澤經略，始以印來歸。已，番賊犯肅州與中國爲難。赤斤當其衝，益遭蹂躪。部衆不能自存，盡內徙肅州之南山，其城遂空。

嘉靖七年，總督王瓊撫安諸郡，核赤斤之衆僅千餘人。乃授賞卜塔兒子鎖南束爲都督，統其部帳。

沙州衛。自赤斤蒙古西行二百里曰苦峪，自苦峪南折而西百九十里曰瓜州，自瓜州而西四百四十里始達沙州。漢燉煌郡西域之境，玉門、陽關並相距不遠。後魏始置沙州，唐因之，後沒於吐蕃。宣宗時，張義潮以州內附，〔三〕置歸義軍，授節度使。宋入於西夏，元爲沙州路。

洪武二十四年，蒙古王子阿魯哥失里遣國公抹台阿巴赤、司徒苦兒蘭等來朝，貢馬及璞玉。永樂二年，酋長困卽來、買住率衆來歸。命置沙州衛，授二人指揮使，賜印誥、冠帶、襲衣。已而其部下赤納來附，授都指揮僉事。五年夏，敕甘肅總兵官宋晟曰：「聞赤納本買住部曲，今官居其上，高下失倫，已擢買住爲都指揮同知。自今宜詳爲審定，毋或失序。」八年擢困卽來都指揮僉事，其僚屬進秩者二十人。買住卒，困卽來掌衞事，朝貢不絕。二十二年，瓦剌賢義王太平部下來貢，中道爲賊所梗，困卽來遣人衞送至京。帝嘉之，賚以綵幣，尋進秩都督僉事。

洪熙元年，亦力把里及撒馬兒罕先後入貢，道經哈密地，並爲沙州賊邀劫。宣宗怒，命肅州守將費瓛剿之。宣德元年，困卽來以歲荒人困，遣使貸穀種百石，秋成還官。帝曰：「番人卽吾人，何貸爲。」命卽予之。尋遣中官張福使其地，賚綵幣。七年又奏旱災，敕於肅州授糧五百石。已而哈烈貢使言道經沙州，爲赤斤指揮革古者等剽掠。部議赤斤之人遠至沙州爲盜，罪不可貸。帝令困卽來察之，敕曰：「彼既爲盜，不可復容，宜驅還本土，再犯不宥。」

九年遣使奏罕東及西番數肆侵侮，掠取人畜，不獲安居，乞徙察罕舊城耕牧。帝遣敕止之曰：「爾居沙州三十餘年，戶口滋息，畜牧富饒，皆朝廷之力。往年哈密嘗奏爾侵擾，今外侮亦自取。但當循分守職，保境睦鄰，自無外患。何必東遷西徙，徒取勞瘁。」又敕罕東、西番，果侵奪人畜，速還之。明年又爲哈密所侵，且懼瓦剌見逼，不能自立。乃率部衆二百餘人走附塞下，陳饑窘狀。詔邊臣發粟濟之，且令議所處置。邊臣請移之苦峪，從之。自是不復還沙州，但遙領其衆而已。

正統元年，西域阿端遣使來貢，爲罕東頭目可兒卽及西番野人剽奪。困卽來奉命往追還其貢物，帝嘉之，擢都督同知。四年，其部下都指揮阿赤不花等一百三十餘家亡入哈密。困卽來奉詔索之，不予。朝命忠順王還之，又不予。會遣使册封其新王，卽令使人索還所逃之戶。而哈密僅還都指揮桑哥失力等八十四家，餘仍不遣。時罕東都指揮班麻思結久駐牧沙州不去，赤斤都指揮革古者亦納其叛亡。困卽來屢訴於朝，朝廷亦數遣敕詰責，諸部多不奉命。四年八月令人偵瓦剌、哈密事，具得其實以聞。帝喜，降敕奬勵，厚賜之。明年遣使入貢，又報迤北邊事，進其使臣二人官。初，困卽來之去沙州也，朝廷命邊將繕治苦峪城，率戍卒助之。六年冬，城成，入朝謝恩，貢駝馬，宴賜遣還。七年率衆侵哈密，獲其人畜以歸。

九年，困卽來卒，長子喃哥率其弟克俄羅領占來朝。授喃哥都督僉事，其弟都指揮使，賜敕戒諭。既還，其兄弟乖爭，部衆攜貳。甘肅鎭將任禮等欲乘其窘乏，遷之塞內。而喃哥亦來言，欲居肅州之小鉢和寺。禮等遂以十一年秋令都指揮毛哈剌等偕喃哥先赴沙州，撫諭其衆，而親率兵隨其後。比至，喃哥意中變，陰持兩端，其部下多欲奔瓦剌。禮等進兵迫之，遂收其全部入塞，居之甘州，凡二百餘戶，千二百三十餘人，沙州遂空。帝以其迫之而來，情不可測，令禮熟計其便。然自是安居內地，迄無後患。而沙州爲罕東酋班麻思結所有。獨喃哥弟鎖南奔不從徙，竄入瓦剌，也先封之爲祁王。禮偵知其在罕東，掩襲獲之。廷臣請正法，帝念其父兄恭順，免死，徙東昌。

先是，太宗置哈密、沙州、赤斤、罕東四衞於嘉峪關外，屛蔽西陲。至是，沙州先廢，而諸衞亦漸不能自立，肅州遂多事。

罕東衞，在赤斤蒙古南，嘉峪關西南，漢燉煌郡地也。洪武二十五年，涼國公藍玉追逃寇祁者孫至罕東地，其部衆多竄徙。西寧三剌爲書招之，遂相繼來歸。三十年，酋鎖南吉剌思遣使入貢，詔置罕東衞，授指揮僉事。

永樂元年偕其兄答力襲入朝，進指揮使。授答力襲指揮同知，並賜冠帶、鈔幣。自是數入貢。十年，安定衞奏罕東數爲盜，掠去民戶三百，復糾西番阻截關隘。帝降敕切責，令還所掠。十六年命中官鄧誠使其地。

洪熙元年遣使以即位諭其指揮同知綽兒加，賜白金、文綺。時官軍征曲先賊，罕東指揮使却里加從征有功，擢都指揮僉事，賜誥世襲。其指揮那那奏所屬番民千五百，例納差發馬二百五十匹，其人多逃居赤斤，乞招撫復業。帝卽命招之，幷免所負之馬。宣德元年論從征曲先功，擢綽兒加都指揮同知。初，大軍之討曲先也，安定部內及罕東密羅族人悉驚竄。事定，詔指揮陳通等往招。於是罕東復業者二千四百餘帳，男婦萬七千三百餘人，安定部人亦還衞。

正統四年，罕東、安定合衆侵西番申藏族，掠其馬牛雜畜以萬計。其僧訴於邊將，言畜產一空，歲辦差發馬無從出。帝切責二衞，數其殘忍暴橫、違國法、毒鄰境之罪，令悉歸所掠。又諭僧不限舊制，隨所有入貢。明年冬，綽兒加偕班麻思結共侵哈密，獲老稚百人、馬百匹，牛羊無算。忠順王遣使索之，不予。帝聞，復賜敕戒諭。然番人以剽掠爲性，天子卽有言，亦不能盡從也。六年夏，綽兒加來貢馬，宴賚還。九年卒，子賞卜兒加嗣職，奏乞齋糧、茶布，命悉予之。十一年進都指揮使。

成化九年，土魯番陷哈密。都督李文西征，罕東以兵來助。後都督罕愼復哈密，亦藉其兵，賜敕獎賚。十八年，其部下掠番族，有侵入河淸堡者。都指揮梅琛勒兵追之，奪還男婦五十餘人，馬牛雜畜四千五百有奇。邊臣請討其罪，部臣難之。帝曰：「罕東方聽調協取哈密，未有攜貳之形，奈何因小故遽加以兵。宜諭令悔過，不服，則耀兵威之。」二十二年，邊臣言：「比遣官往哈密，與土魯番使臣家屬四百人偕行。道經罕東，爲都督把麻奔等掠去，朝使僅免，乞討之。」帝命遣人往諭，如番人例議和，還所掠物，不從則進兵。

弘治中，土魯番復據哈密。兵部馬文升議直擣其城，召指揮楊翥計之。翥言罕東有間道，不旬日可達哈密，宜出賊不意，從此進兵。文升曰：「如若言，發罕東兵三千前行，我師三千後繼，各持數日乾糧，兼程襲之，若何？」翥稱善。文升以屬巡撫許進，進遣人諭罕東如前策。會罕東失期不至，官軍仍由大路進，賊得遁去。十二年，其部人侵西寧隆奔族，掠去印誥及人畜。兵部請敕都督，宣諭其下，毋匿所掠物，盡歸其主，違命則都督自討，從之。

時土魯番日强，數侵掠鄰境，諸部皆不能支。正德中，蒙古大酋入青海，罕東亦遭蹂躪，其衆益衰。後土魯番復陷哈密，直犯肅州。罕東復殘破，相率求內徙，其城遂棄不守。嘉靖時，總督王瓊安輯諸部，移罕東都指揮枝丹部落於甘州。

罕東左衞，在沙州衞故城，憲宗時始建。初，罕東部人奄章與種族不相能，數讐殺，乃率其衆逃居沙州境。朝廷卽許其耕牧，歲納馬於肅州。後部落日蕃，益不受罕東統屬。至其子班麻思結，洪熙時從討曲先有功，賞未之及。宣德七年自陳於朝，卽命爲罕東衞指揮使，賜敕奬賚。然猶居沙州，不還本衞。十年進都指揮使僉事。

正統四年，沙州衞都督困卽來以班麻思結侵居其地，乞遣還。天子如其言，賜敕宣諭，班麻思結不奉命。時赤斤衞指揮鎖合者因殺人遁入沙州地，班麻思結納之。鎖合者又令其子往烏斯藏取毒藥，將還攻赤斤。赤斤都督且旺失加以爲言，天子卽敕諭班麻思結睦鄰保境，無啓釁端。久之，沙州全部悉內徙，思結遂盡有其地。十四年，甘肅鎭臣任禮等奏，班麻思結潛與瓦剌也先通好，近又與哈密搆兵，宜令還居本衞。天子再賜敕宣諭，亦不奉命。尋進秩都指揮使。歷景泰、天順朝，朝貢不廢。

成化中，班麻思結卒，孫只克嗣職，部衆益盛。其時，土魯番强，侵據哈密。只克與之接境，患其逼己，欲自爲一衞。十五年九月奏請如罕東、赤斤例，立衞賜印，捍禦西陲。兵部言：「近土魯番吞噬哈密，罕東諸衞各不自保，西鄙爲之不寧。而赤斤、罕東、苦峪又各懷嫌隙，不相救援。倘沙州更無人統理，勢必爲强敵所幷，邊方愈多事。宜如所請，卽於沙州故城置罕東左衞，令只克仍以都指揮使統治。」從之。二十一年，甘肅守臣言：「北寇屢犯沙州，殺掠人畜。又値歲飢，人思流竄。已發粟五百石，令布種，仍乞人給月糧振之。其酋只克有斬級功，亦乞幷敍。」乃擢只克都督僉事，餘報可。

弘治七年，指揮王永言：「先朝建哈密衞，當西域要衝。諸番入貢至此，必令少憩以館轂之，或遭他寇剽掠，則人馬可以接護，柔遠之道可謂至矣。今土魯番竊據其地，久而不退。聞罕東左衞居哈密之南，僅三日程，野乜克力居哈密東北，僅二日程，是皆唇齒之地，利害共之。去歲秋，土魯番遣人至只克所，脅令歸附，只克不從。又殺野乜克力頭目，其部人咸思報怨。宜旌勞二部，令并力合攻，永除厥患，亦以寇攻寇一策也。」章下兵部，不能用。十七年，瓦剌及安定部人大掠沙州人畜。只克不能自存，叩嘉峪關求濟。天子既振給之，復諭二部解讐息爭，不得搆兵召釁。

正德四年，只克部內番族有劫掠鄰境者，守臣將剿之。兵部言：「西戎強悍，漢、唐以來不能制。我朝建哈密、赤斤、罕東諸衞，授官賜敕，犬牙相制，不惟斷匈奴右臂，亦以壯西土藩籬。今番人相攻，於我何預，而遽欲兵之。宜敕都督只克，曉諭諸族，悔過息兵。」報可。只克卒，子乞台嗣。十一年，土魯番復據哈密，以兵脅乞台降附，遂犯肅州。左衞不克自立，相率徙肅州塞內。守臣不能拒，因撫納之。乞台卒，子日羔嗣。十六年秋入朝，乞賞賚。禮官劾其越例，且投疏不由通政司，請治館伴者罪，從之。

乞台既內徙，其部下帖木哥、土巴二人仍居沙州，服屬土魯番，歲輸婦女、牛馬。會番酋徵求苛急，二人怨。嘉靖七年夏，〔一三〕率部族五千四百人來歸，沙州遂爲土魯番所有。

哈梅里，地近甘肅，元諸王兀納失里居之。洪武十三年，都督濮英練兵西涼，請出師略地，開哈梅里之路以通商旅。太祖賜璽書曰：「略地之請，聽爾便宜。然將以謀爲本，爾愼毋忽。」英遂進兵。兀納失里懼，遣使納款。明年五月遣回回阿老丁來朝貢馬。詔賜文綺，遣往畏吾兒之地，招諭諸番。二十三年，帝聞兀納失里與別部讐殺，諭甘肅都督宋晟等嚴兵備之。明年遣使請於延安、綏德、平涼、寧夏以馬互市。帝曰：「番人黠而多詐。互市之求，安知非覘我。中國利其馬而不虞其害，所喪必多。宜勿聽。自今至者，悉送京師。」

時西域回紇來貢者，多爲哈梅里所遏。有從他道來者，又遣兵邀殺之。帝聞之怒。八月命都督僉事劉眞偕宋晟督兵討之。眞等由涼州西出，乘夜直抵城下，四面圍之。其知院岳山夜縋城降。黎明，兀納失里驅馬三百餘匹，突圍而出。官軍爭取其馬，兀納失里率家屬隨馬後遁去。眞等攻破其城，斬豳王別兒怯帖木兒、國公省阿朶爾只等一千四百人，〔一四〕獲王子別列怯部屬千七百三十人，金銀印各一，馬六百三十匹。二十五年遣使貢馬騾請罪。帝納之，賜白金、文綺。

校勘記

〔一〕吐蕃宣慰使何鎖南普等以元所授金銀牌印宣敕來上　何鎖南普，原作「司鎖南普」。按洪武初吐蕃宣慰使姓名，本書卷一二六鄧愈傳作「何鎖南」，太祖實錄卷五三洪武三年六月「是月」條、又卷六〇洪武四年正月辛卯條，國榷卷四頁四二一、又同卷頁四三八都作「何鎖南普」，據改。下同。

〔二〕爲靖南衞指揮同知　靖南衞，太祖實錄卷六〇洪武四年正月庚寅條、國榷卷四頁四三七都作「武靖衞」。

〔三〕章下禮部　禮部，原作「吏部」。按明史稿傳二〇三西域傳、憲宗實錄卷四一憲宗成化三年五月丙子條都作「禮部」，明制朝貢給賜屬禮部主客司職掌，作「禮部」是。據改。

〔四〕巡按江孟綸言　江孟綸，憲宗實錄卷六四成化五年閏二月壬戌條作「汪孟綸」。

〔五〕指揮后泰與其弟通反覆開示　弟通，原作「弟通泰」，衍「泰」字，據明史稿傳二〇三西寧河州洮州岷州諸衞番傳、憲宗實錄卷六四成化五年閏二月壬戌條刪。按后泰弟后通，作「通」是。

〔六〕三十四年復入鎭番黑古城　鎭番黑古城，本書卷二三九柴國柱傳作「鎭羌黑古城諸堡」，神宗實錄卷四二五萬曆三十四年九月丙戌條、國榷卷八〇頁四九六四都作「鎭羌古城」。

〔七〕辛恩忠攻破之　辛恩忠，明史稿傳二〇三西寧河州洮州岷州諸衞番傳、懷陵流寇始終錄卷一六都作「辛思忠」。

〔八〕分其地爲阿端阿眞苦先帖里四部　苦先，原作「若先」，據太祖實錄卷九〇洪武七年六月壬戌條、明一統志卷八九改。

〔九〕其酋長哈孩虎都魯等五十八人悉授指揮千百戶等官　哈孩虎都魯，太祖實錄卷二四七洪武二十九年十月甲午條作「塔孩虎都魯」。

〔一〇〕英以此封會寧伯　會寧伯，原作「會昌伯」，據本書卷一〇七功臣世表、又卷一五六李英傳，宣宗實錄卷三一宣德二年九月戊申條改。

〔一一〕其黨脫脫不花等迎敵　脫脫不花，本書卷一七四史昭傳、明史稿傳四〇史昭傳、宣宗實錄卷七三宣德五年十二月癸巳條都作「荅荅不花」。

〔一二〕張義潮以州內附　張義潮，原作「張義湖」，據新唐書卷二一六下吐蕃傳改。

〔一三〕嘉靖七年夏　原脫「嘉靖」二字。按上文已見正德十六年，不應再見正德七年。考帖木哥、土巴求內附，在嘉靖七年六月，見世宗實錄卷八九嘉靖七年六月壬寅條，可知此「七年」是嘉靖七年，據補。

〔一四〕豳王別兒怯帖木兒國公省阿朵爾只等一千四百人　省阿朵爾只，原作「省阿桑爾只」，據太祖實錄卷二一一洪武二十四年八月乙亥條改。

明史卷三百三十一

列傳第二百十九

西域三

烏斯藏，在雲南西徼外，去雲南麗江府千餘里，四川馬湖府千五百餘里，陝西西寧衞五千餘里。其地多僧，無城郭。羣居大土臺上，不食肉娶妻，無刑罰，亦無兵革，鮮疾病。佛書甚多，楞伽經至萬卷。其土臺外，僧有食肉娶妻者。元世祖尊八思巴爲大寶法王，錫玉印，既沒，賜號皇天之下一人之上宣文輔治大聖至德普覺眞智佐國如意大寶法王西天佛子大元帝師。自是，其徒嗣者咸稱帝師。

洪武初，太祖懲唐世吐蕃之亂，思制御之。惟因其俗尙，用僧徒化導爲善，乃遣使廣行招諭。又遣陝西行省員外郎許允德使其地，令舉元故官赴京授職。於是烏斯藏攝帝師喃加巴藏卜先遣使朝貢。五年十二月至京。帝喜，賜紅綺禪衣及鞵帽錢物。明年二月躬自入朝，上所舉故官六十人。帝悉授以職，改攝帝師爲熾盛佛寶國師，仍錫玉印及綵幣表裏各二十。玉人製印成，帝眎玉未美，令更製，其崇敬如此。曁辭還，命河州衞遣官齎敕偕行，招諭諸番之未附者。冬，元帝師之後鎖南堅巴藏卜、〔一〕元國公哥列思監藏巴藏卜並遣使乞玉印。廷臣言已嘗給賜，不宜復予，乃以文綺賜之。

七年夏，佛寶國師遣其徒來貢。秋，元帝師八思巴之後公哥監藏巴藏卜及烏斯藏僧答力麻八剌遣使來朝，請封號。詔授帝師後人爲圓智妙覺弘教大國師，烏斯藏僧爲灌頂國師，並賜玉印。佛寶國師復遣其徒來貢，上所舉土官五十八人，亦皆授職。九年，答力麻八剌遣使來貢。十一年復貢，奏舉故官十六人爲宣慰、招討等官，亦皆報允。十四年復貢。

其時喃加巴藏卜已卒，有僧哈立麻者，國人以其有道術，稱之爲尙師。成祖爲燕王時，知其名。永樂元年命司禮少監侯顯、僧智光齎書幣往徵。其僧先遣人來貢，而躬隨使者入朝。四年冬將至，命駙馬都尉沐昕往迎之。既至，帝延見於奉天殿，明日宴華蓋殿，賜黃金百，白金千，鈔二萬，綵幣四十五表裏，法器、裀褥、鞍馬、香果、茶米諸物畢備。其從者亦有賜。明年春，賜儀仗、銀瓜、牙仗、骨朶、魫燈、紗燈、香合、拂子各二，手爐六，傘蓋一，銀交椅、銀足踏、銀杌、銀盆、銀罐、青圓扇、紅圓扇、拜褥、帳幄各一，幡幢四十有八，鞍馬二，散馬四。

帝將薦福於高帝后，命建普度大齋於靈谷寺七日。帝躬自行香。於是卿雲、甘露、青鳥、白象之屬，連日畢見。帝大悅，侍臣多獻賦頌。事竣，復賜黃金百，白金千，寶鈔二千，綵幣表裏百二十，馬九。其徒灌頂圓通善慧大國師答師巴囉葛羅思等，〔三〕亦加優賜。遂封哈立麻爲萬行具足十方最勝圓覺妙智慧善普應佑國演教如來大寶法王西天大善自在佛，領天下釋教，賜印誥及金、銀、鈔、綵幣、織金珠袈裟、金銀器、鞍馬。命其徒孛隆逋瓦桑兒加領眞爲灌頂圓修淨慧大國師，高日瓦禪伯爲灌頂通悟弘濟大國師，果欒羅葛羅監藏巴里藏卜爲灌頂弘智淨戒大國師，並賜印誥、銀鈔、綵幣。已，命哈立麻赴五臺山建大齋，再爲高帝后薦福，賜予優厚。六年四月辭歸，復賜金幣、佛像，命中官護行。自是，迄正統末，入貢者八。已，法王卒，久不奉貢。弘治八年，王葛哩麻巴始遣使來貢。十二年兩貢，禮官以一歲再貢非制，請裁其賜賚，從之。

正德元年來貢。十年復來貢。時帝惑近習言，謂烏斯藏僧有能知三生者，國人稱之爲活佛，欣然欲見之。考永、宣間陳誠、侯顯入番故事，命中官劉允乘傳往迎。閣臣梁儲等言：「西番之敎，邪妄不經。我祖宗朝雖嘗遣使，蓋因天下初定，藉以化導愚頑，鎭撫荒服，非信其敎而崇奉之也。承平之後，累朝列聖止因其來朝而賞賚之，未嘗輕辱命使，遠涉其地。今忽遣近侍往送幢幡，朝野聞之，莫不駭愕。而允奏乞鹽引至數萬，動撥馬船至百艘，又許其便宜處置錢物，勢必攜帶私鹽，騷擾郵傳，爲官民患。今蜀中大盜初平，瘡痍未起。在官已無餘積，必至苛斂軍民，鋌而走險，盜將復發。況自天全六番出境，涉數萬之程，歷數歲之久，道途絕無郵置，人馬安從供頓。脫中途遇寇，何以禦之？虧中國之體，納外番之侮，無一可者。所齎敕書，臣等不敢撰擬。」帝不聽。禮部尚書毛紀、六科給事中葉相、十三道御史周倫等並切諫，亦不聽。

允行，以珠琲爲幢幡，黃金爲供具，賜其僧金印，犒賞以鉅萬計，內庫黃金爲之罄盡。敕允往返以十年爲期，所攜茶鹽以數十萬計。允至臨清，漕艘爲之阻滯。入峽江，舟大難進，易以鞲艉，相連二百餘里。及抵成都，日支官廩百石，蔬菜銀百兩，錦官驛不足，取傍近數十驛供之。治入番器物，估直二十萬。守臣力爭，減至十三萬。工人雜造，夜以繼日。居歲餘，始率將校十人、士千人以行，越兩月入其地。所謂活佛者，恐中國誘害之，匿不出見。將士怒，欲脅以威。番人夜襲之，奪寶貨、器械以去。將校死者二人，卒數百人，傷者半之。

允乘善馬疾走，僅免。返成都，戒部下弗言，而以空函馳奏，至則武宗已崩。世宗召允還，下吏治罪。

嘉靖中，法王猶數入貢，迄神宗朝不絕。時有僧鎖南堅錯者，能知已往未來事，稱活佛，順義王俺答亦崇信之。萬曆七年，以迎活佛爲名，西侵瓦剌，爲所敗。此僧戒以好殺，勸之東還。俺答亦勸此僧通中國，乃自甘州遺書張居正，自稱釋迦摩尼比丘，求通貢，饋以儀物。居正不敢受，聞之於帝。帝命受之，而許其貢。由是，中國亦知有活佛。此僧有異術能服人，諸番莫不從其教，卽大寶法王及闡化諸王，亦皆俯首稱弟子。自是西方止知奉此僧，諸番王徒擁虛位，不復能施其號令矣。

大乘法王者，烏斯藏僧昆澤思巴也，其徒亦稱爲尚師。永樂時，成祖既封哈立麻，又聞昆澤思巴有道術，命中官齎璽書銀幣徵之。其僧先遣人貢舍利、佛像，遂偕使者入朝。十一年二月至京，帝卽延見，賜藏經、銀鈔、綵幣、鞍馬、茶果諸物，封爲萬行圓融妙法最勝眞如慧智弘慈廣濟護國演教正覺大乘法王西天上善金剛普應大光明佛，領天下釋教，賜印誥、袈裟、幡幢、鞍馬、傘器諸物，禮之亞於大寶法王。明年辭歸，賜加於前，命中官護行。後數入貢，帝亦先後命中官喬來喜、楊三保賫賜佛像、法器、袈裟、禪衣、絨錦、綵幣諸物。洪熙、宣德間並來貢。

成化四年，其王完卜遣使來貢。禮官言無法王印文，且從洮州入，非制，宜減其賜物。使者言，所居去烏斯藏二十餘程，涉五年方達京師，且所進馬多，乞給全賜，乃命量增。十七年來貢。

弘治元年，其王桑加瓦遣使來貢。故事，法王卒，其徒自相繼承，不由朝命。三年，輔教王遣使奏貢，奏舉大乘法王襲職。帝但納其貢，賜賚遣還，不命襲職。

正德五年遣其徒綽吉我些兒等，從河州衞入貢。禮官以其非貢道，請減其賞，並治指揮徐經罪，從之。已，綽吉我些兒有寵於帝，亦封大德法王。十年，僧完卜鎖南堅參巴爾藏卜遣使來貢，乞襲大乘法王。禮官失於稽考，竟許之。嘉靖十五年偕輔教、闡教諸王來貢，使者至四千餘人。帝以人數踰額，減其賞，并治四川三司官濫送之罪。

初，成祖封闡化等五王，各有分地，惟二法王以遊僧不常厥居，故其貢期不在三年之列。然終明世，奉貢不絕云。

大慈法王，名釋迦也失，亦烏斯藏僧稱爲尙師者也。永樂中，旣封二法王，其徒爭欲見天子邀恩寵，於是來者趾相接。釋迦也失亦以十二年入朝，禮亞大乘法王。明年命爲妙覺圓通慈慧普應輔國顯敎灌頂弘善西天佛子大國師，賜之印誥。十四年辭歸，賜佛經、佛像、法仗、僧衣、綺帛、金銀器，且御製贊詞賜之，其徒益以爲榮。明年遣使來貢。十七年命中官楊三保賚佛像、衣幣往賜。二十一年復來貢。宣德九年入朝，帝留之京師，命成國公朱勇、禮部尙書胡濙持節，册封爲萬行妙明眞如上勝淸淨般若弘照普慧輔國顯敎至善大慈法王西天正覺如來自在大圓通佛。

宣宗崩，英宗嗣位，禮官先奏汰番僧六百九十人，正統元年復以爲請。命大慈法王及西天佛子如故，餘遣還，不願者減酒饌廩餼，自是輦下稍淸。西天佛子者，能仁寺僧智光也，本山東慶雲人。洪武、永樂中，數奉使西國。成祖賜號國師，仁宗加號圓融妙慧淨覺弘濟輔國光範演敎灌頂廣善大國師，賜金印、冠服、金銀器。至是復加西天佛子。

初，太祖招徠番僧，本藉以化愚俗，弭邊患，授國師、大國師者不過四五人。至成祖兼崇其敎，自闡化等五王及二法王外，授西天佛子者二，灌頂大國師者九，灌頂國師者十有八，其他禪師、僧官不可悉數。其徒交錯於道，外擾郵傳，內耗大官，公私騷然，帝不恤也。然至者猶卽遣還。及宣宗時則久留京師，耗費益甚。英宗初年，雖多遣斥，其後加封號者亦不少。景泰中，封番僧沙加爲弘慈大善法王，班卓兒藏卜爲灌頂大國師。英宗復辟，務反景帝之政，降法王爲大國師，大國師爲國師。

成化初，憲宗復好番僧，至者日衆。劄巴堅參、劄實巴、領占竹等，以秘密教得幸，並封法王。其次爲西天佛子，他授大國師、國師、禪師者不可勝紀。四方奸民投爲弟子，輒得食大官，每歲耗費鉅萬。廷臣屢以爲言，悉拒不聽。孝宗踐阼，清汰番僧，法王、佛子以下，皆遞降，驅還本土，奪其印誥，由是輦下復淸。

弘治六年，帝惑近習言，命取領占竹等詣京。言官交章力諫，事乃寢。十三年命爲故西天佛子著肐領占建塔。工部尚書徐貫等言，此僧無益於國，營墓足矣，不當建塔，不從。

尋命那卜堅參三人爲灌頂大國師。帝崩，禮官請黜異教，三人並降禪師。帝

旣而武宗蠱惑佞倖，復取領占竹至京，命爲灌頂大國師，以先所降禪師三人爲國師。帝好習番語，引入豹房，由是番僧復盛。封那卜堅參及劄巴藏卜爲法王，那卜領占及綽卽羅竹爲西天佛子。已，封領占班丹爲大慶法王，給番僧度牒三千，聽其自度。或言，大慶法王，卽帝自號也。

綽吉我些兒者，烏斯藏使臣，留豹房有寵，封大德法王。乞令其徒二人爲正副使，還居本土，如大乘法王例入貢，且爲二人請國師誥命，入番設茶。禮官劉春等執不可，帝不聽。

春等復言：「烏斯藏遠在西方，性極頑獷。雖設四王撫化，而其來貢必爲節制。若令齎茶以往，賜之誥命，彼或假上旨以誘諸番，妄有所干請。從之則非法，不從則生釁，害不可勝言。」帝乃罷設茶敕，而予之誥命。帝時益好異教，常服其服，誦習其經，演法內廠。綽吉我些兒輩出入豹房，與權倖雜處，氣焰灼然。及二人乘傳歸，所過驛騷，公私咸被其患。世宗立，復汰番僧，法王以下悉被斥。後世宗崇道教，益黜浮屠，自是番僧鮮至中國者。

闡化王者，烏斯藏僧也。初，洪武五年，河州衞言：「烏斯藏怕木竹巴之地，有僧曰章陽沙加監藏，元時封灌頂國師，爲番人推服。今朶甘酋賞竹監藏與管兀兒搆兵，若遣此僧撫諭，朶甘必內附。」帝如其言，仍封灌頂國師，遣使賜玉印、綵幣。明年，其僧使酋長鎖南藏卜貢佛像、佛書、舍利。是時方命佛寶國師招諭番人，於是怕木竹巴僧等自稱輦卜闍，遣使進表及方物。帝厚賜之。輦卜闍者，其地首僧之稱也。八年正月設怕木竹巴萬戶府，以番酋爲之。已而章陽沙加卒，授其徒鎖南扎思巴噫監藏卜爲灌頂國師。二十一年上表稱病，舉弟吉剌思巴監藏巴藏卜自代，遂授灌頂國師。自是三年一貢。

成祖嗣位，遣僧智光往賜。永樂元年遣使入貢。四年封爲灌頂國師闡化王，賜螭紐玉印，白金五百兩，綺衣三襲，錦帛五十匹，巴茶二百斤。明年命與護教、贊善二王，必力工瓦國師及必里、朵甘、隴答諸衞，川藏諸族，復置驛站，通道往來。十一年，中官楊三保使烏斯藏還，其王遣從子劄結等隨之入貢。明年復命三保使其地，令與闡教、護教、贊善三王及川卜、川藏等共修驛站，諸未復者盡復之。自是道路畢通，使臣往還數萬里，無虞寇盜矣。其後貢益頻數。帝嘉其誠，復命三保齎佛像、法器、袈裟、禪衣及絨錦、綵幣往勞之。已，又命中官戴興往賜綵幣。

宣德二年命中官侯顯往賜絨錦、綵幣。其貢使嘗毆殺驛官子，帝以其無知，遣還，敕王戒飭而已。九年，貢使歸，以賜物易茶。至臨洮，有司沒入之，羈其使，請命。詔釋之，還其茶。

正統五年，王卒。遣禪師二人爲正副使，封其從子吉剌思巴永耐監藏巴藏卜爲闡化王。使臣私市茶綵數萬，令有司運致。禮官請禁之，帝念其遠人，但令自僦舟車。已，王卒，以桑兒結堅昝巴藏卜嗣。

成化元年，禮部言：「宣、正間，諸貢不過三四十人，景泰時十倍，天順間百倍。今貢使方至，乞敕諭闡化王，令如洪武舊制，三年一貢。」從之。五年，王卒，命其子公葛列思巴中柰領占堅參巴兒藏卜嗣。遣僧進貢，還至西寧，留寺中不去，又冒名入貢，隱匿所賜璽書、幣物。王使其下三人來趣，其僧閉之室中，剜二人目。一人逸，訴於都指揮孫鑑。鑑捕置之獄，受其徒賄，而復以聞。下四川巡按鞫治，坐僧四人死，鑑將逮治，會赦悉免。

十七年以長河西諸番多假番王名朝貢，命給闡化、贊善、闡敎、輔敎四王敕書勘合，以防奸僞。二十二年遣使四百六十人來貢，〔三〕守臣遵新例，但納一百五十人。禮官以使者已入境，難固拒，請順其情概納之，爲後日兩貢之數，從之。

弘治八年遣僧來貢，還至揚州廣陵驛，遇大乘法王貢使，相與殺牲縱酒，三日不去。見他使舟至，則以石投之，不容近陸。知府唐愷詣驛呼其舟子戒之，諸僧持兵仗呼譟擁而入。愷走避，隸卒力格鬬乃免，爲所傷者甚衆。事聞，命治通事及伴送者罪，遣人諭王令自治其使者。其時王卒，子班阿吉江東劄巴請襲，命番僧二人爲正副使往封。比至，新王亦死，其子阿往劄失劄巴堅參即欲受封，二人不得已授之，遂具謝恩儀物，並獻其父所領勘合印章爲左驗。至四川，守臣劾其擅封，逮治論斬，減死戍邊，副使以下悉宥。

正德三年，禮官以貢使踰額，令爲後年應貢之數。嘉靖三年偕輔敎王及大小三十六番請入貢。禮官以諸番不具地名、族氏，令守臣覈實以聞。四十二年，〔四〕闡化諸王遣使入貢請封。禮官循故事，遣番僧二十二人爲正副使，序班朱廷對監之。至中途大騷擾，不受廷對約束，廷對還白其狀。禮官請自後封番王，卽以誥敕付使者齎還，或下守臣，擇近邊僧人齎賜。封諸藏之不遣京寺番僧，自此始也。番人素以入貢爲利，雖屢申約束，而來者日增。隆慶三年再定令闡化、闡教、輔教三王，俱三歲一貢，貢使各千人，半全賞，半減賞。全賞者遣八人赴京，餘留邊上。遂爲定例。

萬曆七年，貢使言闡化王長子札釋藏卜乞嗣職，如其請。久之卒，其子請襲。神宗許之，而制書但稱闡化王。用閣臣沈一貫言，加稱烏斯藏怕木竹巴灌頂國師闡化王。其後奉貢不替。所貢物有畫佛、銅佛、銅塔、珊瑚、犀角、氆氌、左髻毛纓、足力麻、鐵力麻、刀劍、明甲冑之屬，諸王所貢亦如之。

贊善王者，靈藏僧也。其地在四川徼外，視烏斯藏爲近。成祖踐阼，命僧智光往使。永樂四年，其僧著思巴兒監藏遣使入貢，命爲灌頂國師。明年封贊善王，國師如故，賜金印、誥命。十七年，中官楊三保往使。洪熙元年，王卒，從子喃葛監藏襲。宣德二年，中官侯顯往使。正統五年奏稱年老，請以長子班丹監剉代。帝不從其請，而授其子爲都指揮使。初，入貢無定期，自永樂迄正統，或間歲一來，或一歲再至。而歷朝遣使往賜者，金幣、寶鈔、佛像、法器、袈裟、禪服，不一而足。至成化元年始定三歲一貢之例。

三年命塔兒把堅粲襲封。故事，封番王誥敕及幣帛遣官齎賜，至是西陲多事，禮官乞付使者齎回，從之。

五年，四川都司言，贊善諸王不遵定制，遣使率各寺番僧百三十二種入貢，且無番王印文，今止留十餘人守貢物，餘已遣還。禮官言：「番地廣遠，番王亦多，若遵例並時入貢，則內郡疲供億。莫若令諸王於應貢之歲，各具印文，取次而來。今貢使已至，難拂其情。乞許作明年應貢之數。」報可。

十八年，禮官言：「番王三歲一貢，貢使百五十人，定制也。近贊善王連貢者再，已遣四百十三人。今請封請襲，又遣千五百五十人，違制宜却。乞許其請封襲者，以三百人爲後來兩貢之數，餘悉遣還。」亦報可。遂封喃葛堅粲巴藏卜爲贊善王。弘治十六年卒，命其弟端竹堅昝嗣。嘉靖後猶入貢如制。

護教王者，名宗巴斡即南哥巴藏卜，館覺僧也。成祖初，僧智光使其地。永樂四年遣使入貢，詔授灌頂國師，賜之誥。明年遣使入謝，封爲護教王，賜金印、誥命，國師如故。遂頻歲入貢。十二年卒，命其從子斡些兒吉剌思巴藏卜嗣。洪熙、宣德中並入貢。已而卒，無嗣，其爵遂絕。

闡教王者，必力工瓦僧也。成祖初，僧智光齎敕入番，其國師端竹監藏遣使入貢。永樂元年至京，帝喜，宴賚遣還。四年又貢，帝優賜，並賜其國師大板的達、律師鎖南藏卜衣幣。十一年乃加號灌頂慈慧淨戒大國師，又封其僧領眞巴兒吉監藏爲闡教王，賜印誥、綵幣。後比年一貢。楊三保、戴興、侯顯之使，皆齎金幣、佛像、法器賜焉。宣德五年，王卒，命其子綽兒加監巴領占嗣。久之卒，命其子領占叭兒結堅參嗣。成化四年從禮官言，申三歲一貢之制。明年，王卒，命其子領占堅參叭兒藏卜襲。二十年，帝遣番僧班著兒齎璽書勘合往賜。其僧憚行，至半道，僞爲王印信、番文復命，詔逮治。正德十三年遣番僧領占劄巴等封其新王。劄巴等乞馬快船三十艘載食鹽，爲入番買路之資。戶科、戶部並疏爭，不聽。劄巴等在途科索無厭，至呂梁，毆管洪主事李瑜幾斃，恣橫如此。迄嘉靖世，闡教王修貢不輟。

輔教王者，思達藏僧也。其地視烏斯藏尤遠。成祖即位，命僧智光持詔招諭，賜以銀幣。永樂十一年封其僧南渴烈思巴爲輔教王，賜誥印、綵幣，數通貢使。楊三保、侯顯皆往賜其國，與諸法王等。景泰七年，使來貢，自陳年老，乞令其子喃葛堅粲巴藏卜代。帝從之，封爲輔教王，賜誥敕、金印、綵幣、袈裟、法器。以灌頂國師葛藏、右覺義桑加巴充正、副使往封。至四川，多雇牛馬，任載私物。禮官請治其罪，英宗方復辟，命收其敕書，減供應之半。

成化五年，王卒，命其子喃葛劄失堅參叭藏卜嗣。六年申舊制，三年一貢，多不過百五十人，由四川雅州入。國師以下不許貢。弘治十二年，輔教等四王及長河西宣慰司並時入貢，使者至二千八百餘人。禮官以供費不貲，請敕四川守臣遵制遣送，違者却還，從之。歷正德、嘉靖世，奉貢不絕。

西天阿難功德國，西方番國也。洪武七年，王卜哈魯遣其講主必尼西來朝，貢方物及解毒藥石。詔賜文綺、禪衣及布帛諸物。後不復至。

又有和林國師朶兒只怯烈失思巴藏卜，亦遣其講主汝奴汪叔來朝，獻銅佛、舍利、白哈丹布及元所授玉印一、玉圖書一、銀印四、銅印五、金字牌三，命宴賚遣還。明年，國師入朝，又獻佛像、舍利、馬二匹，賜文綺、禪衣。和林，卽元太祖故都，在極北，非西番，其國師則番僧。與功德國同時來貢，後亦不復至。

尼八剌國，在諸藏之西，去中國絕遠。其王皆僧爲之。洪武十七年，太祖命僧智光齎璽書、綵幣往，幷使其鄰境地湧塔國。智光精釋典，負才辨，宣揚天子德意。其王馬達納羅摩遣使隨入朝，貢金塔、佛經及名馬方物。二十年達京師。帝喜，賜銀印、玉圖書、誥敕、符驗及幡幢、綵幣。二十三年再貢，加賜玉圖書、紅羅傘。終太祖時，數歲一貢。成祖復命智光使其國。永樂七年遣使來貢。十一年命楊三保齎璽書、銀幣賜其嗣王沙的新葛及地湧塔王可般。〔三〕明年遣使來貢。封沙的新葛爲尼八剌國王，賜誥及鍍金銀印。十六年遣使來貢，命中官鄧誠齎璽書、錦綺、紗羅往報之。所經罕東、靈藏、必力工瓦、烏斯藏及野藍卜納，皆有賜。宣德二年又遣中官侯顯賜其王絨錦、紵絲，地湧塔王如之。自後，貢使不復至。

又有速覩嵩者，亦西方之國。永樂三年遣行人連迪等齎敕往招，賜銀鈔、綵幣。其酋以道遠不至。

朶甘，在四川徼外，南與烏斯藏鄰，唐吐蕃地。元置宣慰司、招討司、元帥府、萬戶府，分統其衆。

洪武二年，太祖定陝西，卽遣官齎詔招撫。又遣員外郎許允德諭其酋長，舉元故官赴京。攝帝師喃加巴藏卜及故國公南哥思丹八亦監藏等於六年春入朝，上所舉六十人名。帝喜，置指揮使司二，曰朶甘，曰烏斯藏，宣慰司二，元帥府一，招討司四，萬戶府十三，千戶所四，卽以所舉官任之。廷臣言來朝者授職，不來者宜弗予。帝曰：「吾以誠心待人。彼不誠，曲在彼矣。萬里來朝，俟其再請，豈不負遠人歸嚮之心。」遂皆授之。降詔曰：「我國家受天明命，統御萬方，恩撫善良，武威不服。凡在幅員之內，咸推一視之仁。乃者攝帝師喃加巴藏卜率所舉故國公、司徒、宣慰、招討、元帥、萬戶諸人，自遠入朝。朕嘉其識天命，不勞師旅，共效職方之貢。已授國師及故國公等爲指揮同知等官，皆給誥印。自今爲官者務遵朝廷法，撫安一方。僧務敦化導之誠，率民爲善，共享太平，永綏福祉，豈不休哉。」並宴賚遣還。初，元尊番僧爲帝師，授其徒國公等秩，故降者襲舊號。

鎖南兀卽爾者歸朝，授朵甘衞指揮僉事。以元司徒銀印來上，命進指揮同知。已而朵甘宣慰賞竹監藏舉首領可爲指揮、宣慰、萬戶、千戶者二十二人。詔從其請，鑄分司印予之。乃改朵甘、烏斯藏二衞爲行都指揮使司，以鎖南兀卽爾爲朵甘都指揮同知，管招兀卽爾爲烏斯藏都指揮同知，並賜銀印。又設西安行都指揮使司於河州，兼轄二都司。已，佛寶國師鎖南兀卽爾等遣使來朝，奏舉故官賞竹監藏等五十六人。命增置朵甘思宣慰司及招討等司。招討司六：曰朵甘思，曰朵甘隴答，曰朵甘丹，曰朵甘倉溏，曰朵甘川，曰磨兒勘。萬戶府四：曰沙兒可，曰乃竹，曰羅思端，曰列思麻。千戶所十七。以賞竹監藏爲朵甘都指揮同知，餘授職有差。自是，諸番修貢惟謹。

八年置俄力思軍民元帥府。尋置隴答衞指揮使司。十八年以班竹兒藏卜爲烏斯藏都指揮使。乃更定品秩，自都指揮以下皆令世襲。未幾，又改烏斯藏俺不羅衞爲行都指揮使司。二十六年，西番思曩日等族遣使貢馬，命賜金銅信符、文綺、襲衣，許之朝貢。

永樂元年改必里千戶所爲衞，後置烏斯藏牛兒宗寨行都指揮使司，又置上邛部衞，皆以番人官之。十八年，帝以西番悉入職方，其最遠白勒等百餘寨猶未歸附，遣使往招，亦多入貢。帝以番俗惟僧言是聽，乃寵以國師諸美號，賜誥印，令歲朝。由是諸番僧來者日多，迄宣德朝，禮之益厚。九年命中官宋成等齎璽書、賜物使其地，敕都督趙安率兵送之畢力术江。

正統初，以供費不貲，稍爲裁損。時有番長移書松潘守將趙得，言欲入朝，爲生番阻遏，乞遣兵開道。詔令得遣使招生番，相率朝貢者八百二十九寨，悉賜賚遣歸。天順四年，四川三司言：「比奉敕書，番僧朝貢入京者不得過十人，餘留境上候賞。今蜀地災傷，若悉留之，動經數月，有司困於供億。宜如正統間制，宴待遣還。」報可。成化三年，阿昔洞諸族土官言：「西番大小二姓爲惡，殺之不懼。惟國師、刺麻勸化，則革心信服。」乃進禪師遠丹藏卜爲國師，都綱子瑺爲禪師，以化導之。六年申諸番三歲一貢之例，國師以下不許貢，於是貢使漸希。

初，太祖以西番地廣，人獷悍，欲分其勢而殺其力，使不爲邊患，故來者輒授官。又以其地皆食肉，倚中國茶爲命，故設茶課司於天全六番，令以馬市，而入貢者又優以茶布。諸番戀貢市之利，且欲保世官，不敢爲變。迨成祖，益封法王及大國師、西天佛子等，俾轉相化導，以共尊中國，以故西陲宴然，終明世無番寇之患。

長河西魚通寧遠宣慰司，在四川徼外，地通烏斯藏，唐爲吐蕃。元時置碉門、魚通、黎、雅、長河西、寧遠六安撫司，隸吐蕃宣慰司。

洪武時，其地打煎爐、長河西土官元右丞剌瓦蒙遣其理問高惟善來朝，貢方物，宴賚遣還。十六年復遣惟善及從子萬戶若剌來貢。命置長河西等處軍民安撫司，以剌瓦蒙爲安撫使，賜文綺四十八匹，鈔二百錠，授惟善禮部主事。二十年遣惟善招撫長河西、魚通、寧遠諸處，明年還朝，言：

安邊之道，在治屯守，而兼恩威。屯守既堅，雖遠而有功；恩威未備，雖近而無益。今魚通、九枝疆土及巖州、雜道二長官司，東鄰碉門、黎、雅，西接長河西。自唐時吐蕃強盛，寧遠、安靖、巖州漢民，往往爲彼驅入九枝、魚通，防守漢邊。元初設二萬戶府，仍與盤陀、仁陽置立寨柵，邊民戍守。其後各枝率衆攻仁陽等柵。及川蜀兵起，乘勢侵陵雅、邛、嘉等州。洪武十年始隨碉門土酋歸附。巖州、雜道二長官司自國朝設，迨今十有餘年，官民仍舊不相統攝。蓋無統制之司，恣其猖獗，因襲舊弊故也。其近而已附者如此，遠而未附者何由而臣服之。且巖州、寧遠等處，乃古之州治。苟撥兵戍守，就築城堡，開墾山田，使近者向化而先附，遠者畏威而來歸，西域無事則供我徭役，有事則使之先驅。撫之既久，則皆爲我用。如臣之說，其便有六。

通烏斯藏、朶甘，鎭撫長河西，可拓地四百餘里，得番民二千餘戶。非惟黎、雅保障，蜀亦永無西顧憂。一也。

番民所處老思岡之地，土瘠人繁，專務貿販碉門烏茶、蜀之細布，博易羌貨，以贍其生。若於巖州立市，則此輩衣食皆仰給於我，焉敢爲非。二也。

以長河西、伯思東、巴獵等八千戶爲外番犄角，其勢必固。然後招徠遠者，如其不來，使八千戶近爲內應，遠爲鄉導，此所謂以蠻攻蠻，誠制邊之善道。三也。

天全六番招討司八鄉之民，宜悉蠲其徭役，專令蒸造烏茶，運至巖州，置倉收貯，以易番馬。比之雅州易馬，其利倍之。且於打煎爐原易馬處相去甚近，而價增於彼，則番民如蟻之慕羶，歸市必衆。四也。

巖州既立倉易馬，則番民運茶出境，倍收其稅，其餘物貨至者必多。又魚通、九枝蠻民所種水陸之田，遞年無征。若令歲輸租米，幷令軍士開墾大渡河兩岸荒田，亦可供給戍守官軍。五也。

碉門至巖州道路，宜令繕修開拓，以便往來人馬。仍量地里遠近，均立郵傳，與黎、雅烽火相應。庶可以防遏亂略，邊境無虞。六也。

帝從之。

後建昌酋月魯帖木兒叛，長河西諸酋陰附之，失朝貢，太祖怒。三十年春謂禮部臣曰：「今天下一統，四方萬國皆以時奉貢。如烏斯藏、尼八剌國其地極遠，猶三歲一朝。惟打煎爐長河西土酋外附月魯帖木兒、賈哈剌，不臣中國。興師討之，鋒刃之下，死者必衆。宜遣人諭其酋。若聽命來覲，一以恩待，不悛則發兵三十萬，聲罪徂征。」禮官以帝意爲文馳諭之。其酋懼，卽遣使入貢謝罪。天子赦之，爲置長河西魚通寧遠宣慰司，以其酋爲宣慰使，自是修貢不絕。初，魚通及寧遠、長河西，本各爲部，至是始合爲一。

永樂十三年，貢使言：「西番無他土產，惟以馬易茶。近年禁約，生理實艱，乞仍許開中。」從之。二十一年，宣慰使喃哩等二十四人來朝貢馬。正統二年，喃哩卒，子加八僧嗣。成化四年申諸番三歲一貢之令，惟長河西仍比歲一貢。六年頒定二年或三年一貢之例，貢使不得過百人。十七年，禮官言：「烏斯藏在長河西之西，長河西在松潘、越巂之南，壤地相接，易於混淆。烏斯藏諸番王例三歲一貢，彼以道險來少，而長河西番僧往往詐爲諸王文牒，入貢冒賞。請給諸番王及長河西、董卜韓胡敕書勘合，邊臣審驗，方許進入，庶免詐僞之弊。或道阻，不許補貢。」從之。十九年，其部內灌頂國師遣僧徒來貢至千八百人，守臣劾其違制。詔止納五百人，餘悉遣還。二十二年，禮官言：「長河西以黎州大渡河寇發，連歲失貢，至是補進三貢。定制，道梗者不得再補。但今貢物已至，宜順其情納之，而量減賜賚。」報可。

弘治十二年，禮官言：「長河西及烏斯藏諸番，一時並貢，使者至二千八百餘人。乞諭守臣無濫送。」亦報可。然其後來者愈多，卒不能却。嘉靖三年定令不得過一千人。隆慶三年定五百人全賞，遣八人赴京之制，如闡教諸王。其貢物則珊瑚、氆氌之屬，悉準闡化王傳所載。諸番貢皆如之。

董卜韓胡宣慰司，在四川威州之西，其南與天全六番接。永樂九年，酋長南葛遣使奉表入朝，貢方物。因言答隆蒙、碉門二招討侵掠鄰境，阻遏道路，請討之。帝不欲用兵，降敕慰諭，使比年一貢，賜金印、冠帶。

正統三年奏年老，乞以子克羅俄堅粲代，從之。兇狡不循禮法。七年乞封王，賜金印，帝不許。命進秩鎮國將軍、都指揮同知，掌宣慰司事，給之誥命。益恃强，數與雜谷安撫及別思寨安撫饒蛒搆怨。十年八月移牒四川守臣，謂：「別思寨本父南葛故地，分畀饒蛒父者。後饒蛒受事，私奏於朝，獲設安撫司。邇乃僞爲宣慰司印，自稱宣慰使，糾合雜谷諸番，將侵噬己地。已拘執饒蛒，追出僞印，用番俗法剜去兩目。謹以狀聞。」守臣上其事。帝遣使齎敕責其專擅，令與使臣推擇饒蛒族人爲安撫，仍轄其土地，且送還饒蛒，養之終身。

十三年十月，四川巡按張洪等奏：「近接董卜宣慰文牒言：『雜谷故安撫阿漂小妻毒殺其夫及子，又賄威州千戶唐泰誣己謀叛。今備物進貢，欲從銅門山西開山通道，乞官軍於日駐迓之。』臣等竊以雜谷內聯威州、保縣，外鄰董卜韓胡。雜谷力弱，欲抗董卜，實倚重於威、保。董卜勢强，欲通威、保，却受阻於雜谷。以此讐殺，素不相能。銅門及日駐諸寨，乃雜谷、威、保要害地。董卜欺雜谷妻寡子弱，瞰我軍遠征麓川，假進貢之名，欲別開道路，意在吞滅雜谷，搆陷唐泰。所請不可許。」乃下都御史寇深等計度，其議迄不行。

時董卜比歲入貢，所遣僧徒强悍不法，多攜私物，强索舟車，騷擾道途，詈辱長吏。天子聞而惡之，景泰元年賜敕切責。尋侵奪雜谷及達思蠻長官司地，掠其人畜，守臣不能制。三年二月朝議奬其入貢勤誠，進秩都指揮使，令還二司侵地及所掠人民。其酋卽奉命，惟舊維州之地尙爲所據。俄饋四川巡撫李匡銀罌、金珀，求御製大誥、周易、尙書、毛詩、小學、方輿勝覽、成都記諸書。匡聞之於朝，因言：「唐時吐蕃求毛詩、春秋。于休烈謂，予之以書，使知權謀，愈生變詐，非中國之利。裴光廷謂，吐蕃久叛新服，因其有請，賜以詩、書，俾漸陶聲教，化流無外。休烈徒知書有權略變詐，不知忠信禮義皆從書出。明皇從之。今茲所求，臣以爲予之便。不然彼因貢使市之書肆，甚不爲難。惟方輿勝覽、成都記，形勝關塞所具，不可槪予。」帝如其言。尋以其還侵地，賜敕奬勵。

六年，兵部尙書于謙等奏其僭稱蠻王，窺伺巴蜀，所上奏章語多不遜，且招集羣番，大治戎器，悖逆日彰，不可不慮，宜敕守臣預爲戒備，從之。

克羅俄堅粲死，子劄思堅粲藏卜遣使來貢，命爲都指揮同知，掌宣慰司事。天順元年遣使入貢，乞封王。命如其父官，進秩都指揮使，仍掌宣慰司事。

成化五年，四川三司奏：「保縣僻處極邊，永樂五年特設雜谷安撫司，令撫輯舊維州諸處蠻塞。後與董卜搆兵，維州諸地俱爲侵奪，貢道阻絕。今雜谷恢復故疆，將遣使來貢，不知貢期，未敢擅遣。」帝從禮官言，許以三年爲期。四年申諸番三年一貢之例，惟董卜許比年一貢。

六年，劄巴堅粲藏卜卒，〔六〕子綽吾結言千嗣爲都指揮使。弘治三年卒，子日墨劄思巴旺丹巴藏卜遣國師貢珊瑚樹、氆氌、甲胄諸物，請嗣父職，許之，賜誥命、敕書、綵幣。九年卒，子喃呆請襲，亦遣國師貢方物，詔授以父官。卒，子容中短竹襲。嘉靖二年再定令貢使不得過千人，其所隸別思寨及加渴瓦寺別貢。隆慶二年，董卜及別思寨貢使多至千七百餘人，命予半賞，遣八人赴京，爲定制。迄萬曆後，朝貢不替。

校勘記

〔一〕元帝師之後鎖南堅巴藏卜　鎖南堅巴藏卜，太祖實錄卷八五洪武六年十月己卯條作「瑣南監藏巴藏卜」。

〔二〕其徒灌頂圓通善慧大國師答師巴囉葛羅思等　答師巴囉葛羅思，明史稿傳二〇四烏斯藏大寶法王傳、太宗實錄卷四八永樂五年二月庚寅條都作「哈思巴囉葛羅思」。

〔三〕二十二年遣使四百六十八人來貢　二十二年，明史稿傳二〇四闡化王傳、國榷卷四〇頁二五〇三作「二十一年」。

〔四〕四十二年　原作「四十三年」，據明史稿傳二〇四闡化王傳、世宗實錄卷五二六嘉靖四十二年十月癸丑條改。

〔五〕命楊三保齎璽書銀幣賜其嗣王沙的新葛及地湧塔王可般　楊三保，本書卷三〇四鄭和傳、太宗實錄卷八七永樂十一年二月己未條都作「侯顯」。沙的新葛，原作「沙葛新的」，據同上鄭和傳、太宗實錄改。下同。

〔六〕劄巴堅粲藏卜卒　本卷上文作「劄思堅粲藏卜」。

明史卷三百三十二

列傳第二百二十

西域四

撒馬兒罕，卽漢罽賓地，隋曰漕國，唐復名罽賓，皆通中國。元太祖蕩平西域，盡以諸王、駙馬爲之君長，易前代國名以蒙古語，始有撒馬兒罕之名。去嘉峪關九千六百里。元末爲之王者，駙馬帖木兒也。

洪武中，太祖欲通西域，屢遣使招諭，而遐方君長未有至者。二十年九月，〔一〕帖木兒首遣回回滿剌哈非思等來朝，貢馬十五，駝二。詔宴其使，賜白金十有八錠。自是頻歲貢馬駝。二十五年兼貢絨六匹，青梭幅九匹，紅綠撒哈剌各二匹及鑌鐵刀劍、甲冑諸物。而其國中回回又自驅馬抵涼州互市。帝不許，令赴京鬻之。元時回回徧天下，及是居甘肅者尚多，詔守臣悉遣之，於是歸撒馬兒罕者千二百餘人。

二十七年八月，帖木兒貢馬二百。其表曰：「恭惟大明大皇帝受天明命，統一四海，仁德洪布，恩養庶類，萬國欣仰。咸知上天欲平治天下，特命皇帝出膺運數，爲億兆之主。光明廣大，昭若天鏡，無有遠近，咸照臨之。臣帖木兒僻在萬里之外，恭聞聖德寬大，超越萬古。自古所無之福，皇帝皆有之。所未服之國，皇帝皆服之。遠方絕域，昏昧之地，皆清明之。老者無不安樂，少者無不長遂，善者無不蒙福，惡者無不知懼。今又特蒙施恩遠國，凡商賈之來中國者，使觀覽都邑、城池，富貴雄壯，如出昏暗之中，忽睹天日，何幸如之。又承敕書恩撫勞問，使站驛相通，道路無壅，遠國之人咸得其濟。欽仰聖心，如照世之杯，使臣心中豁然光明。臣國中部落，聞茲德音，歡舞感戴。臣無以報恩，惟仰天祝頌聖壽福祿，如天地永永無極。」照世杯者，其國舊傳有杯光明洞徹，照之可知世事，故云。帝得表，嘉其有文。明年命給事中傅安等齎璽書、幣帛報之。其貢馬，一歲再至，以千計，並賜寶鈔償之。

成祖踐阼，遣使敕諭其國。永樂三年，傅安等尚未還，而朝廷聞帖木兒假道別失八里率兵東，敕甘肅總兵官宋晟儆備。五年六月，安等還。初，安至其國被留，朝貢亦絕。尋令人導安徧歷諸國數萬里，以誇其國廣大。至是帖木兒死，其孫哈里嗣，乃遣使臣虎歹達等送安還，貢方物。帝厚賚其使，遣指揮白阿兒忻台等往祭故王，而賜新王及部落銀幣。其頭目沙里奴兒丁等亦貢駝馬。命安等賜其王綵幣，與貢使偕行。七年，安等還，王遣使隨入貢。自後，或比年，或間一歲，或三歲，輒入貢。十三年遣使隨李達、陳誠等入貢。暨辭歸，命誠及中官魯安偕往，賜其頭目兀魯伯等白銀、綵幣。其國復遣使隨誠等入貢。十八年復命誠及中官郭敬齎敕及綵幣報之。宣德五年秋、冬，頭目兀魯伯米兒咱等遣使再入貢。七年遣中官李貴等齎文綺、羅錦賜其國。

正統四年貢良馬，色玄，蹄額皆白。帝愛之，命圖其像，賜名瑞駪，賞賚有加。十年十月書諭其王兀魯伯曲烈干曰：「王遠處西陲，恪修職貢，良足嘉尚。使回，特賜王及王妻子綵幣表裏，示朕優待之意。」別敕賜金玉器、龍首杖、細馬鞍及諸色織金文綺，官其使臣爲指揮僉事。

景泰七年貢馬駝、玉石。禮官言：「舊制給賞太重。今正、副使應給一等、二等賞物者，如舊時。三等人給綵緞四表裏，絹三匹，織金紵絲衣一襲。其隨行鎮撫、舍人以下，遞減有差。所進阿魯骨馬每匹綵緞四表裏、絹八匹，駝三表裏、絹十匹，達達馬不分等第，每匹紵絲一匹、絹八匹、折鈔絹一匹，中等馬如之，下等者亦遞減有差。」制可。又言：「所貢玉石，堪用者止二十四塊，六十八斤，餘五千九百餘斤不適於用，宜令自鬻。而彼堅欲進獻，請每五斤賜絹一匹。」亦可之。已而使臣還，賜王卜撒因文綺、器物。天順元年命都指揮馬雲等使西域，敕獎其鎖魯檀毋撒，賜綵幣，令護朝使往還。鎖魯檀者，君長之稱，猶蒙古可汗也。七年復命指揮詹昇等使其國。

成化中，其鎖魯檀阿黑麻三入貢。十九年偕亦思罕酋長貢二獅，至肅州，其使者奏請大臣往迎。職方郎中陸容言：「此無用之物，在郊廟不可爲犧牲，在乘輿不可被驂服，宜勿受。」禮官周洪謨等亦言往迎非禮，帝卒遣中使迎之。獅日啖生羊二，醋、酐、蜜酪各二瓶。養獅者，光祿日給酒饌。帝既厚加賜賚，而其使者怕六灣以爲輕，援永樂間例爲請。禮官議從正統四年例，加綵幣五表裏。使者復以爲輕，乃加正、副使各二表裏，從者半之，命中官韋洛、鴻臚署丞海濱送之還。其使者不由故道赴廣東，又多買良家女爲妻妾，洛等不爲禁止。久之，洛上疏委罪於濱，濱坐下吏。其使者請泛海至滿剌加市狻猊以獻，市舶中官韋眷主之，布政使陳選力陳不可，乃已。

弘治二年，其使由滿剌加至廣東，貢獅子、鸚鵡諸物，守臣以聞。禮官耿裕等言：「南海非西域貢道，請却之。」禮科給事中韓鼎等亦言：「猙獰之獸，狎玩非宜，且騷擾道路，供費不貲，不可受。」帝曰：「珍禽奇獸，朕不受獻，況來非正道，其卽却還。守臣違制宜罪，姑貸之。」禮官又言：「海道固不可開，然不宜絕之已甚，請薄犒其使，量以綺帛賜其王。」制可。明年又偕土魯番貢獅子及哈剌、虎剌諸獸，由甘肅入。鎮守中官傅德、總兵官周玉等先圖形奏聞，卽遣人馳驛起送。獨巡按御史陳瑤論其糜費煩擾，請勿納。禮官議如其言，量給犒賞，且言：「聖明在御，屢却貢獻，德等不能奉行德意，請罪之。」帝曰：「貢使既至，不必却回，可但遣一二人詣京。獅子諸物，每獸日給一羊，不得妄費。德等貸勿治。」後至十二年始來貢。〔三〕明年復至。而正德中猶數至。

嘉靖二年，貢使又至。禮官言：「諸國使臣在途者遷延隔歲，在京者伺候同賞，光祿、郵傳供費不貲，宜示以期約。」因列上禁制數事，從之。十二年偕天方、土魯番入貢，稱王者至百餘人。禮官夏言等論其非，請敕閣臣議所答。張孚敬等言：「西域諸王，疑出本國封授，或部落自相尊稱。先年亦有至三四十人者，卽據所稱答之。若驟議裁革，恐人情觖望，乞更敕禮、兵二部詳議。」於是言及樞臣王憲等謂：「西域稱王者，止土魯番、天方、撒馬兒罕。如日落諸國，稱名雖多，朝貢絕少。弘、正間，土魯番十三入貢，正德間，天方四入貢，稱王者率一人，多不過三人，餘但稱頭目而已。至嘉靖二年、八年，天方多至六七人，土魯番至十一二人，撒馬兒罕至二十七人。孚敬等言三四十人者，幷數三國爾。今土魯番十五王，天方二十七王，撒馬兒罕五十三王，實前此所未有。弘治時回賜敕書，止稱一王。若循撒馬兒罕往歲故事，類答王號，人與一敕，非所以尊中國制外蕃也。蓋帝王之馭外蕃，固不拒其來，亦必限以制。其或名號僭差，言詞侮慢，則必正以大義，責其無禮。今謂本國所封，何以不見故牘；謂部落自號，何以達之天朝。我概給以敕，而彼即據敕恣意往來，恐益擾郵傳，費供億，殫府庫以實谿壑，非計之得也。」帝納其言，國止給一敕，且加詰讓，示以國無二王之義。然諸蕃迄不從，十五年入貢復如故。甘肅巡撫趙載奏：「諸國稱王者至一百五十餘人，皆非本朝封爵，宜令改正，且定貢使名數。通事宜用漢人，毋專用色目人，致交通生釁。」部議從之。二十六年入貢，甘肅巡撫楊博請重定朝貢事宜，禮官復列數事行之。後入貢，迄萬曆中不絕。蓋番人善賈，貪中華互市，既入境，則一切飲食、道途之資，皆取之有司，雖定五年一貢，迄不肯遵，天朝亦莫能難也。

其國東西三千餘里，地寬平，土壤膏腴。王所居城，廣十餘里，民居稠密。西南諸蕃之貨皆聚於此，號爲富饒。城東北有土屋，爲拜天之所，規制精巧，柱皆青石，雕爲花文，中設講經之堂。用泥金書經，裹以羊皮。俗禁酒。人物秀美，工巧過於哈烈，而風俗、土產多與之同。其旁近東有沙鹿海牙、達失干、賽藍、養夷，西有渴石、迭里迷諸部落，皆役屬焉。

沙鹿海牙，西去撒馬兒罕五百餘里。城居小岡上，西北臨河。河名火站，水勢衝急，架浮梁以渡，亦有小舟。南近山，人多依崖谷而居。園林廣茂。西有大沙洲，可二百里。無水，間有之，鹹不可飲。牛馬悞飲之，輒死。地生臭草，高尺餘，葉如蓋，煮其液成膏，卽阿魏。又有小草，高一二尺，叢生，秋深露凝，食之如蜜，煮爲糖，番名達郎古賓。永樂間，李達、陳誠使其地，其酋卽遣使奉貢。宣德七年命中官李貴齎敕諭其酋，賜金織文綺、綵幣。

達失干，西去撒馬兒罕七百餘里。城居平原，周二里。外多園林，饒果木。土宜五穀。民居稠密。李達、陳誠、李貴之使，與沙鹿海牙同。

賽藍，在達失干之東，西去撒馬兒罕千餘里。有城郭，周二三里。四面平曠，居人繁庶。五穀茂殖，亦饒果木。夏秋間，草中生黑小蜘蛛。人被螫，徧體痛不可耐，必以薄荷枝掃痛處，又用羊肝擦之，誦經一晝夜，痛方止，體膚盡蛻。六畜被傷者多死。凡止宿，必擇近水地避之。元太祖時，都元帥薛塔剌海從征賽藍諸國，以礮立功，卽此地也。陳誠、李貴之使，與諸國同。

養夷，在賽藍東三百六十里。城居亂山間。東北有大溪，西流入巨川。行百里，多荒城。蓋其地介別失八里、蒙古部落之間，數被侵擾。以故人民散亡，止戍卒數百人居孤城，破廬頽垣，蕭然榛莽。永樂時，陳誠至其地。

渴石，在撒馬兒罕西南三百六十里。城居大村，周十餘里。宮室壯麗，堂以玉石爲柱，牆壁窗牖盡飾金碧，綴琉璃。其先，撒馬兒罕酋長駙馬帖木兒居之。城外皆水田。東南近山，多園林。西行十餘里，饒奇木。又西三百里，大山屹立，中有石峽，兩崖如斧劈。行二三里出峽口，有石門，色似鐵，路通東西，番人號爲鐵門關，設兵守之。或言元太祖至東印度鐵門關，遇一角獸，能人言，卽此地也。

迭里迷，在撒馬兒罕西南，去哈烈二千餘里。有新舊二城，相去十餘里，其酋長居新城。城內外居民僅數百家，畜牧蕃息。城在阿朮河東，多魚。河東地隸撒馬兒罕，西多蘆林，產獅子。陳誠、李達嘗使其地。

卜花兒，在撒馬兒罕西北七百餘里。城居平川，周十餘里，戶萬計。市里繁華，號爲富庶。地卑下，節序嘗溫，宜五穀桑麻，多絲綿布帛，六畜亦饒。

永樂十三年，陳誠自西域還，所經哈烈、撒馬兒罕、別失八里、俺都淮、八答黑商、迭里迷、沙鹿海牙、賽藍、渴石、養夷、火州、柳城、土魯番、鹽澤、哈密、達失干、卜花兒凡十七國，悉詳其山川、人物、風俗，爲使西域記以獻，以故中國得考焉。宣德七年命李達撫諭西域，卜花兒亦與焉。

別失八里，西域大國也。南接于闐，北連瓦刺，西抵撒馬兒罕，東抵火州，東南距嘉峪關三千七百里。或曰焉耆，或曰龜茲。元世祖時設宣慰司，尋改爲元帥府，其後以諸王鎮之。

洪武中，藍玉征沙漠，至捕魚兒海，獲撒馬兒罕商人數百。太祖遣官送之還，道經別失八里。其王黑的兒火者，卽遣千戶哈馬力丁等來朝，貢馬及海青，以二十四年七月達京師。帝喜，賜王綵幣十表裏，其使者皆有賜。九月命主事寬徹、御史韓敬、評事唐鉦使西域。以書諭黑的兒火者曰：「朕觀普天之下，后土之上，有國者莫知其幾。雖限山隔海，風殊俗異，然好惡之情，血氣之類，未嘗異也。皇天眷佑，惟一視之。故受天命爲天下主者，上奉天道，一視同仁，俾巨細諸國，殊方異類之君民，咸躋乎仁壽。而友邦遠國，順天事大，以保國安民，皇天監之，亦克昌焉。曩者我中國宋君，奢縱怠荒，奸臣亂政。天監否德，於是命元世祖肇基朔漠，入統中華，生民賴以安靖七十餘年。至於後嗣，不修國政，任用非人，致紀綱盡弛，强陵弱，衆暴寡，民生嗟怨，上達於天。天用是革其命，屬之於朕。朕躬握乾符，以主黔黎。凡諸亂雄擅聲教違朕命者兵偃之，順朕命者德撫之。是以三十年間，諸夏奠安，外蕃賓服。惟元臣蠻子哈刺章等尙率殘衆，生釁寇邊，興師致討，勢不容已。兵至捕魚兒海，故元諸王、駙馬率其部屬來降。有撒馬兒罕數百人以貿易來者，朕命官護歸已三年矣。使者還，王卽遣使來貢，朕甚嘉之。王其益堅事大之誠，通好往來，使命不絕，豈不保封國於悠久乎。特遣官勞嘉，其悉朕意。」徹等既至，王以其無厚賜，拘留之。敬、鉦二人得還。

三十年正月復遣官齎書諭之曰：「朕卽位以來，西方諸商來我中國互市者，邊將未嘗阻絕。朕復敕吏民善遇之，由是商人獲利，疆埸無擾，是我中華大有惠於爾國也。前遣寬徹等往爾諸國通好，何故至今不返？吾於諸國，未嘗拘留一人，而爾顧拘留吾使，豈理也哉！是以近年回回入境者，亦令於中國互市，待徹歸放還。後諸人言有父母妻子，吾念其至情，悉縱遣之。今復使使諭爾，俾知朝廷恩意，毋梗塞道路，致啓兵端。書曰：『怨不在大，亦不在小。惠不惠，懋不懋。』爾其惠且懋哉。」徹乃得還。

成祖卽位之冬，遣官齎璽書綵幣使其國。未幾，黑的兒火者卒，子沙迷查干嗣。永樂二年遣使貢玉璞、名馬，宴賚有加。時哈密忠順王安克帖木兒爲可汗鬼力赤毒死，沙迷查干率師討之。帝嘉其義，遣使賚以綵幣，令與嗣忠順王脫脫敦睦。四年夏來貢，命鴻臚寺丞劉帖木兒齎敕幣勞賜，與其使者偕行。秋、冬暨明年夏，三入貢，因言撒馬兒罕本其先世故地，請以兵復之。命中官把太、李達及劉帖木兒齎敕戒以審度而行，毋輕舉，因賜之綵幣。六年，太等還，言沙迷查干已卒，弟馬哈麻嗣。帝卽命太等往祭，并賜其新王。

八年以朝使往撒馬兒罕者，馬哈麻待之厚，遣使齎綵幣賜之。明年貢名馬、文豹，命給事中傅安送其使還，賚金織文綺。時瓦剌使者言馬哈麻將襲其部落，因諭以順天保境之義。十一年，貢使將至甘肅，命所司宴勞，且敕總兵官李彬善遇之。明年冬，有自西域還者，言馬哈麻母及弟相繼卒。帝愍之，命安齎敕慰問，賚以綵幣。已而馬哈麻亦卒，無子，從子納黑失只罕嗣。十四年春，使來告喪。命安及中官李達弔祭，卽封其嗣子爲王，賚文綺、弓刀、甲冑，其母亦有賜。明年遣使來貢，言將嫁女撒馬兒罕，請以馬市妝奩。命中官李信等以綺、帛各五百匹助之。十六年，貢使速哥言其王爲從弟歪思所弒，而自立，徙其部落西去，更國號曰亦力把里。帝以番俗不足治，授速哥爲都督僉事，而遣中官楊忠等賜歪思弓刀、甲冑及文綺、綵幣，其頭目忽歹達等七十餘人幷有賜。自是，奉貢不絕。

宣德元年，帝嘉其尊事朝廷，遣使賜之鈔幣。明年入貢，授其正、副使爲指揮千戶，賜誥命、冠帶，自後使臣多授官。三年貢駝馬，命指揮昌英等齎璽書、綵幣報之。時歪思連歲貢，而其母鎖魯檀哈敦亦連三歲來貢。歪思卒，子也先不花嗣。正統元年遣使來朝，貢方物，後亦頻入貢。故王歪思之壻卜賽因亦遣使來貢。十年，也先不花卒，也密力虎者嗣。明年貢馬駝方物，命以綵幣賜王及王母。景泰三年貢玉石三千八百斤，禮官言其不堪用，詔悉收之，每二斤賜帛一匹。天順元年命千戶于志敬等以復辟諭其王，且賜綵幣。成化元年，禮官姚夔等定西域朝貢期，令亦力把里三歲、五歲一貢，使者不得過十人，自是朝貢遂稀。

其國無城郭宮室，隨水草畜牧。人性獷悍，君臣上下無體統。飲食衣服多與瓦剌同。地極寒，深山窮谷，六月亦飛雪。

哈烈，一名黑魯，在撒馬兒罕西南三千里，去嘉峪關萬二千餘里，西域大國也。元駙馬帖木兒旣君撒馬兒罕，又遣其子沙哈魯據哈烈。

洪武時，撒馬兒罕及別失八里咸朝貢，哈烈道遠不至。二十五年遣官詔諭其王，賜文綺、綵幣，猶不至。二十八年遣給事中傅安、郭驥等攜士卒千五百人往，爲撒馬兒罕所留，不得達。三十年又遣北平按察使陳德文等往，亦久不還。

成祖踐阼，遣官齎璽書綵幣賜其王，猶不報命。永樂五年，安等還。德文偏歷諸國，說其酋長入貢，皆以道遠無至者，亦於是年始還。德文，保昌人，采諸方風俗作爲歌詩以獻。帝嘉之，擢僉都御史。明年復遣安齎書幣往哈烈，其酋沙哈魯把都兒遣使隨安朝貢。七年達京師，復命齎賜物偕其使往報。明年，其酋遣使朝貢。

撒馬兒罕酋哈里者，哈烈酋兒子也，二人不相能，數搆兵。帝因其使臣還，命都指揮白阿兒忻台齎敕諭之曰：「天生民而立之君，俾各遂其生。朕統御天下，一視同仁，無間遐邇，屢嘗遣使諭爾。爾能虔修職貢，撫輯人民，安於西徼，朕甚嘉之。比聞爾與從子哈里搆兵相仇，朕爲惻然。一家之親，恩愛相厚，足制外侮。親者尙爾乖戾，疏者安得協和。自今宜休兵息民，保全骨肉，共享太平之福。」因賜綵幣表裏，并敕諭哈里罷兵，亦賜綵幣。白阿兒忻台旣奉使，徧詣撒馬兒罕、失剌思、俺的干、俺都淮、土魯番、火州、柳城、哈實哈兒諸國，賜之幣帛，諭令入朝。諸酋長咸喜，各遣使偕哈烈使臣貢獅子、西馬、文豹諸物。十一年達京師。帝喜，御殿受之，犒賜有加。自是，諸國使并至，皆序哈烈於首。及歸，命中官李達、吏部員外郎陳誠、戶部主事李暹、指揮金哈藍伯等送之，就齎璽書、文綺、紗羅、布帛諸物，分賜其酋。十三年，達等還，哈烈諸國復遣使偕來，貢文豹、西馬及他方物。明年再貢，及還，命陳誠齎書幣報之，所過州縣皆宴餞。十五年遣使隨誠等來貢。明年復貢，命李達等報如初。十八年偕于闐、八答黑商來貢。二十年復偕于闐來貢。

宣德二年，其頭目打剌罕亦不剌來朝，貢馬。自仁宗不勤遠略，宣宗承之，久不遣使絕域，故其貢使亦稀至。七年復命中官李貴通西域，敕諭哈烈酋沙哈魯曰：「昔朕皇祖太宗文皇帝臨御之日，爾等尊事朝廷，遣使貢獻，始終如一。今朕恭膺天命，卽皇帝位，主宰萬方，紀元宣德。小大政務，悉體皇祖奉天恤民，一視同仁之心。前遣使臣齎書幣往賜，道阻而回。今已開通，特命內臣往諭朕意。其益順天心，永篤誠好，相與還往，同爲一家，俾商旅通行，各遂所願，不亦美乎。」因賜以文綺、羅錦。貴等未至，其貢使法虎兒丁已抵京師，卒於館。命官致祭，有司營葬。尋復遣使隨貴貢駝馬、玉石。明年春，使者歸。復命貴護送，賜其王及頭目綵幣。是年秋及正統三年并來貢。

英宗幼沖，大臣務休息，不欲疲中國以事外蕃，故遠方通貢者甚少。至天順元年，復議通西域。大臣莫敢言，獨忠義衞吏張昭抗疏切諫，事乃止。七年，帝以中夏乂安，而遠蕃朝貢不至，分遣武臣齎璽書、綵幣往諭。於是都指揮海榮、指揮馬全往哈烈。然自是來者頗稀，即哈烈亦不以時貢。

嘉靖二十六年，甘肅巡撫楊博言：「西域入貢人多，宜爲限制。」禮官言：「祖宗故事，惟哈密每年一貢，貢三百人，送十一赴京，餘留關內，有司供給。他若哈烈、哈三、土魯番、天方、撒馬兒罕諸國，道經哈密者，或三年、五年一貢，止送三五十人，其存留賞賚如哈密例。頃來濫放入京，宜敕邊臣恪遵此例，濫放者罪之。」制可。然是時哈烈已久不至，嗣後朝貢遂絕。

其國在西域最強大。王所居城，方十餘里。壘石爲屋，平方若高臺，不用梁柱瓦甓，中斂，虛空數十間。牕牖門扉，悉雕刻花文，繪以金碧。地鋪氈罽，無君臣、上下、男女，相聚皆席地趺坐。國人稱其王曰鎖魯檀，猶言君長也。男髡首纏以白布，婦女亦白布蒙首，僅露雙目。上下相呼皆以名。相見止稍屈身，初見則屈一足三跪，男女皆然。食無匕箸，有瓷器。以葡萄釀酒。交易用銀錢，大小三等，不禁私鑄。惟輸稅於酋長，用印記，無印者禁不用。市易皆征稅十二。不知斗斛，止設權衡。無官府，但有管事者，名曰刀完。亦無刑法，卽殺人亦止罰錢。以姊妹爲妻妾。居喪止百日，不用棺，以布裹屍而葬。常於墓間設祭，不祭祖宗，亦不祭鬼神，惟重拜天之禮。無干支朔望，每七日爲一轉，周而復始。歲以二月、十月爲把齋月，晝不飲食，至夜乃食，周月始茹葷。城中築大土室，中置一銅器，周圍數丈，上刻文字如古鼎狀。游學者皆聚此，若中國太學然。有善走者，日可三百里，有急使，傳箭走報。俗尙侈靡，用度無節。

土沃饒，節候多暖少雨。土產白鹽、銅鐵、金銀、琉璃、珊瑚、琥珀、珠翠之屬。多育蠶，善爲紈綺。木有桑、楡、柳、槐、松、檜，果有桃、杏、李、梨、葡萄、石榴，穀有粟、麥、麻、菽，獸有獅、豹、馬、駝、牛、羊、雞、犬。獅生於阿朮河蘆林中，初生目閉，七日始開。土人於目閉時取之，調習其性，稍長則不可馴矣。其旁近俺都淮、八答黑商，幷隸其國。

俺都淮，在哈烈西北千三百里，東南去撒馬兒罕亦如之。城居大村，周十餘里。地平衍無險，田土膏腴，民物繁庶，稱樂土。自永樂八年至十四年偕哈烈通貢，後不復至。

八答黑商，在俺都淮東北。城周十餘里。地廣無險阻，山川明秀，人物樸茂。浮屠數區，壯麗如王居。西洋、西域諸賈多販鬻其地，故民俗富饒。初爲哈烈酋沙哈魯之子所據。永樂六年命內官把太、李達賜其酋敕書綵幣，幷及哈實哈兒、葛忒郎諸部，諭以往來通商之意，皆卽奉命。自是，東西萬里行旅無滯。十二年，陳誠使其國。十八年遣使來貢，命誠及內官郭敬齎書幣往報。天順五年，其王馬哈麻遣使來貢。明年復貢。命使臣阿卜都剌襲父職，爲指揮同知。

于闐，古國名，自漢迄宋皆通中國。永樂四年遣使來朝，貢方物。使臣辭歸，命指揮神忠毋撒等齎璽書偕行，賜其酋織金文綺。其酋打魯哇亦不剌金遣使者貢玉璞，命指揮尙衡等齎書幣往勞。十八年偕哈烈、八答黑商諸國貢馬，命參政陳誠、中官郭敬等報以綵幣。二十年貢美玉，賜賚有加。二十二年貢馬及方物。時仁宗初踐阼，卽宴賚遣還。

先是，永樂時，成祖欲遠方萬國無不臣服，故西域之使歲歲不絕。諸蕃貪中國財帛，且利市易，絡繹道途。商人率僞稱貢使，多攜馬、駝、玉石，聲言進獻。旣入關，則一切舟車水陸、晨昏飲饌之費，悉取之有司。郵傳困供億，軍民疲轉輸。比西歸，輒緣道遲留，多市貨物。東西數千里間，騷然繁費，公私上下罔不怨咨。廷臣莫爲言，天子亦莫之恤也。至是，給事中黃驥極陳其害。仁宗感其言，召禮官呂震責讓之。自是，不復使西域，貢使亦漸稀。

于闐自古爲大國，隋、唐間侵幷戎盧、扞彌、渠勒、皮山諸國，其地益大。南距蔥嶺二百餘里，東北去嘉峪關六千三百里。大略蔥嶺以南，撒馬兒罕最大；以北，于闐最大。元末時，其主暗弱，鄰國交侵。人民僅萬計，悉避居山谷，生理蕭條。永樂中，西域懼天子威靈，咸修職貢，不敢擅相攻，于闐始獲休息。漸行賈諸蕃，復致富庶。桑麻黍禾，宛然中土。其國東有白玉河，西有綠玉河，又西有黑玉河，源皆出崑崙山。土人夜視月光盛處，入水採之，必得美玉。其鄰國亦多竊取來獻。迄萬曆朝，于闐亦間入貢。

失剌思，近撒馬兒罕。永樂十一年遣使偕哈烈、俺的干、哈實哈兒等八國，隨白阿兒忻台入貢方物，命李達、陳誠等齎敕偕其使往勞。十三年冬，其酋亦不剌金遣使隨達等朝貢，天子方北巡。至明年夏始辭還，復命誠偕中官魯安齎敕及白金、綵緞、紗羅、布帛賜其酋。十七年遣使偕亦思弗罕諸部貢獅子、文豹、名馬，辭還。復命安等送之，賜其酋絨錦、文綺、紗羅、玉繫腰、磁器諸物。時車駕頻歲北征，乏馬，遣官多齎綵幣、磁器，市之失剌思及撒馬兒罕諸國。其酋卽遣使貢馬，以二十一年八月謁帝於宣府之行宮。厚賜之，遣還京師，其人遂久留內地不去。仁宗嗣位，趣之還，乃辭去。

宣德二年貢駝馬方物，授其使臣阿力爲都指揮僉事，賜誥命、冠帶。嗣後久不貢。成化十九年與黑婁、撒馬兒罕、把丹沙諸國共貢獅子，詔加優賚。弘治五年，哈密忠順王陝巴襲封歸國，與鄰境野乜克力酋結婚。失剌思酋念其貧，偕旁國亦不剌因之酋，率其平章鎖和卜台、知院滿可，各遣人請頒賜財物，助之成婚。朝議義之，厚賜陝巴，并賜二國及其平章、知院綵幣。嘉靖三年與旁近三十二部並遣使貢馬及方物。其使者各乞蟒衣、膝襴、磁器、布帛。天子不能却，量予之。自是，貢使亦不至。

俺的干，西域小部落。元太祖盡平西域，封子弟爲王鎭之，其小者則設官置戍，同於內地。元亡，各自割據，不相統屬。洪武、永樂間，數遣人招諭，稍稍來貢。地大者稱國，小者止稱地面。迄宣德朝，效臣職、奉表箋、稽首闕下者，多至七八十部。而俺的干，則永樂十一年與哈烈並貢者也。迨十四年，魯安等使哈烈、失剌思諸國，復便道賜其酋長文綺。然地小不能常貢，後竟不至。

哈實哈兒，亦西域小部落。永樂六年，把太、李達等齎敕往賜，卽奉命。十一年遣使隨白阿兒忻台入朝，貢方物。宣德時亦來朝貢。天順七年命指揮劉福、普賢使其地。其貢使亦不能常至。

亦思弗罕，地近俺的干。永樂十四年使俺都淮、撒馬兒罕者道經其地，賜其酋文綺諸物。十七年偕鄰國失剌思共貢獅、豹、西馬，賚白金、鈔幣。使臣辭還，命魯安等送之。有馬哈木者，願留京師。從其請。成化十九年與撒馬兒罕共貢獅子、名馬、番刀、兜羅、鎖幅諸物，賜賚有加。

先是，宣德六年，有亦思把罕遣使臣迷兒阿力朝貢，或云卽亦思弗罕。

火剌札，國微弱。四圍皆山，鮮草木。水流曲折，亦無魚蝦。城僅里許，悉土屋，酋所居亦卑陋。俗敬僧。永樂十四年遣使朝貢，命所經地皆禮待。弘治五年，其地回回怕魯灣等由海道貢玻璃、瑪瑙諸物。孝宗不納，賜道里費遣還。

乞力麻兒，永樂中遣使來貢，惟獸皮、鳥羽、罽褐。其俗喜射獵，不事耕農。西南傍海，東北林莽深密，多猛獸、毒蟲。有逵巷，無市肆，交易用鐵錢。

白松虎兒，舊名速麻里兒。嘗有白虎出松林中，不傷人，亦不食他獸，旬日後不復見。國人異之，稱爲神虎，曰此西方白虎所降精也，因改國名。其地無大山，亦不生樹木，無毒蟲、猛獸之害，然物產甚薄。永樂中嘗入貢。

答兒密，服屬撒馬兒罕。居海中，地不百里，人不滿千家。無城郭，上下皆居板屋。知耕植，有毛褐、布縷、馬駝、牛羊。刑止箠朴。交易兼用銀錢。永樂中遣使朝貢，賜大統曆及文綺、藥、茶諸物。

納失者罕，東去失剌思數日程，皆舟行。城東平原，饒水草，宜畜牧。馬有數種，最小者高不過三尺。俗重僧，所至必供飲食。然好氣健鬭，鬭不勝者，衆嗤之。永樂中遣使朝貢。使臣還，歷河北，轉關中，抵甘肅，有司皆置宴。

敏眞城，永樂中來貢。其國地廣，多高山。日中爲市，諸貨駢集，貴中國磁、漆器。產異香、駝、馬。

日落國，永樂中來貢。弘治元年，其王亦思罕答兒魯密帖里牙復貢。使臣奏求紵、絲、夏布、磁器，詔皆予之。

米昔兒，一名密思兒。永樂中遣使朝貢。既宴賚，命五日一給酒饌、果餌，所經地皆置宴。正統六年，王鎖魯檀阿失剌福復來貢。禮官言：「其地極遠，未有賜例。昔撒馬兒罕初貢時，賜予過優，今宜稍損。賜王綵幣十表裏，紗、羅各三匹，白氎絲布、白將樂布各五匹，洗白布二十匹，王妻及使臣遞減。」從之。自後不復至。

黑婁，近撒馬兒罕，世爲婚姻。其地山川、草木、禽獸皆黑，男女亦然。宣德七年遣使來朝，貢方物。正統二年，〔三〕其王沙哈魯鎖魯檀遣指揮哈只馬黑麻奉貢。命齎敕及金織紵絲、綵絹歸賜其王。六年復來貢。景泰四年偕鄰境三十一部男婦百餘人，貢馬二百四十有七，騾十二，驢十，駝七，及玉石、硇砂、鑌鐵刀諸物。天順七年，王母塞亦遣指揮僉事馬黑麻捨兒班等奉貢。賜綵幣表裏、紵絲襲衣，擢其使臣爲指揮同知，從者七人俱爲所鎮撫。成化十九年與失剌思、撒馬兒罕、把丹沙共貢獅子。

把丹沙之長亦稱鎖魯檀馬黑麻，景泰七年嘗入貢，至是復偕至。弘治三年又與天方諸國貢駝、馬、玉石。

討來思，地小，周徑不百里。城近山。山下有水，赤色，望之如火。俗佞佛。婦人主家柄。產牛羊馬駝，有布縷毛褐。土宜穄麥，無稻。交易用錢。宣德六年入貢。明年命中官李貴齎璽書獎勞，賜文綺、綵帛。以地小不能常貢。

阿速，近天方、撒馬兒罕，幅員甚廣。城倚山面川。川南流入海，有魚鹽之利。土宜耕牧。敬佛畏神，好施惡鬭。物產富，寒暄適節，人無饑寒，夜鮮寇盜，雅稱樂土。永樂十七年，其酋牙忽沙遣使貢馬及方物，宴賚如制。以地遠不能常貢。天順七年命都指揮白全等使其國，竟不復再貢。

沙哈魯，在阿速西海島中。永樂中遣七十七人來貢，日給酒饌、果餌，異於他國。其地，山川環抱，饒畜產，人性樸直，恥鬭好佛。王及臣僚處城中，庶人悉處城外。海產奇物，西域賈人以輕直市之，其國人不能識。

天方，古筠沖地，一名天堂，又曰默伽。水道自忽魯謨斯四十日始至，自古里西南行，三月始至。其貢使多從陸道入嘉峪關。

宣德五年，鄭和使西洋，分遣其儕詣古里。聞古里遣人往天方，因使人賫貨物附其舟偕行。往返經歲，市奇珍異寶及麒麟、獅子、駝雞以歸。其國王亦遣陪臣隨朝使來貢。宣宗喜，賜賚有加。正統元年始命附爪哇貢舟還，賜幣及敕獎其王。六年，王遣子賽亦得阿力與使臣賽亦得哈三以珍寶來貢。陸行至哈剌，遇賊，殺使臣，傷其子右手，盡劫貢物以去，命守臣察治之。

成化二十三年，其國中回回阿力以兄納的游中土四十餘載，欲往雲南訪求。乃攜寶物鉅萬，至滿剌加，附行人左輔舟，將入京進貢。抵廣東，爲市舶中官韋眷侵剋。阿力怨，赴京自訴。禮官請估其貢物，酬其直，許訪兄於雲南。時眷懼罪，先已夤緣於內。帝乃責阿力爲間諜，假貢行奸，令廣東守臣逐還，阿力乃號泣而去。弘治三年，其王速檀阿黑麻遣使偕撒馬兒罕、土魯番貢馬、駝、玉石。

正德初，帝從御馬太監谷大用言，令甘肅守臣訪求諸番騍馬、騸馬，番使云善馬出天方。守臣因請諭諸番貢使，傳達其王，俾以入貢。兵部尚書劉宇希中官指，議令守臣善擇使者與通事，親詣諸番曉諭，從之。十三年，王寫亦把剌克遣使貢馬、駝、梭幅、珊瑚、寶石、魚牙刀諸物，詔賜蟒龍金織衣及麝香、金銀器。

嘉靖四年，其王亦麻都兒等遣使貢馬、駝、方物。禮官言：「西人來貢，陝西行都司稽留半年以上始爲具奏。所進玉石悉粗惡，而使臣所私貨皆良。乞下按臣廉問，自今毋得多攜玉石，煩擾道途。其貢物不堪者，治都司官罪。」從之。明年，其國額麻都抗等八王各遣使貢玉石，主客郎中陳九川簡退其粗惡者，使臣怨。通事胡士紳亦憾九川，因詐爲使臣奏，詞誣九川盜玉，坐下詔獄拷訊。尙書席書、給事中解一貫等論救，不聽，竟戍邊。

十一年遣使偕土魯番、撒馬兒罕、哈密諸國來貢，稱王者至三十七人。禮官言：「舊制，惟哈密與朶顏三衛比歲一貢，貢不過三百人。三衛地近，盡許入都。哈密則十遣其二，餘留待於邊。若西域則越在萬里，素非屬國，難視三衛貢期，而所遣使人倍踰恒數。番文至二百餘通，皆以索取叛人牙木蘭爲詞。竊恐託詞窺伺，以覘朝廷處分。邊臣不遵明例，概行起送，有乖法體。乞下督撫諸臣，遇諸番人入貢，分別存留起送，不得概遣入京。且嚴飭邊吏，毋避禍目前，貽患異日，貪納款之虛名，忘禦邊之實策。」帝可其奏。

故事，諸番貢物至，邊臣驗上其籍，禮官爲按籍給賜。籍所不載，許自行貿易。貢使既竣，即有餘貨，責令攜歸。願入官者，禮官奏聞，給鈔。正德末，黠番猾胥交關罔利，始有貿易餘貨令市儈評直、官給絹鈔之例。至是，天方及土魯番使臣，其籍餘玉石、銼刀諸貨，固求準貢物給賞。禮官不得已，以正德間例爲請，許之。

番使多賈人，來輒挾重貲與中國市。邊吏嗜賄，侵剋多端，類取償於公家。或不當其直，則咆哮不止。是歲，貢使皆黠悍，既習知中國情，且憾邊吏之侵剋也，屢訴之，禮官却不問。鎮守甘肅中官陳浩者，當番使入貢時，令家奴王洪多索名馬、玉石諸物，使臣憾之。一日，遇洪於衢，即執詣官以證實其事。禮官言事關國體，須大有處分，以服遠人之心。乃命三法司、錦衣衛及給事中各遣官一員赴甘肅按治，洪迄獲罪。

十七年復貢，其使臣請游覽中土。禮官疑有狡心，以非故事格之。二十二年偕撒馬兒罕、土魯番、哈密、魯迷諸國貢馬及方物。後五六年一貢，迄萬曆中不絕。

天方於西域爲大國，四時常似夏，無雨雹霜雪，惟露最濃，草木皆資之長養。土沃，饒粟、麥、黑黍。人皆頎碩。男子削髮，以布纏之。婦女則編髮蓋頭，不露其面。相傳回回設教之祖曰馬哈麻者，首於此地行教，死卽葬焉。墓頂常有光，日夜不熄。後人遵其教，久而不衰，故人皆向善。國無苛擾，亦無刑罰，上下安和，寇賊不作，西土稱爲樂國。俗禁酒。有禮拜寺，月初生，其王及臣民咸拜天，號呼稱揚以爲禮。寺分四方，每方九十間，共三百六十間，皆白玉爲柱，黃甘玉爲地。其堂以五色石砌成，四方平頂。內用沉香大木爲梁凡五，又以黃金爲閣。堂中垣墉，悉以薔薇露、龍涎香和土爲之。守門以二黑獅。堂左有司馬儀墓，其國稱爲聖人塚。土悉寶石，圍牆則黃甘玉。兩旁有諸祖師傳法之堂，亦以石築成，俱極其壯麗。其崇奉回回教如此。

瓜果諸畜，咸如中國。西瓜、甘瓜有一人不能舉者，桃有重四五斤者，雞、鴨有重十餘斤者，皆諸番所無也。馬哈麻墓後有一井，水清而甘。泛海者必汲以行，遇颶風取水灑之卽息。當鄭和使西洋時，傳其風物如此。其後稱王者至二三十人，其俗亦漸不如初矣。

默德那，回回祖國也，地近天方。宣德時，其酋長遣使偕天方使臣來貢，後不復至。相傳，其初國王謨罕驀德生而神靈，盡臣服西域諸國，諸國尊爲別諳拔爾，猶言天使也。國中有經三十本，凡三千六百餘段。其書旁行，兼篆、草、楷三體，西洋諸國皆用之。其教以事天爲主，而無像設。每日西向虔拜。每歲齋戒一月，沐浴更衣，居必易常處。隋開皇中，其國撒哈八撒阿的幹葛思始傳其教入中國。迄元世，其人遍於四方，皆守教不替。

國中城池、宮室、市肆、田園，大類中土。有陰陽、星曆、醫藥、音樂諸技。其織文、製器尤巧。寒暑應候，民殷物繁，五穀六畜咸備。俗重殺，不食猪肉。嘗以白布蒙頭，雖適他邦，亦不易其俗。

坤城，西域回回種。宣德五年，其使臣者馬力丁等來朝，貢駝馬。時有開中之令，使者卽輸米一萬六千七百石於京倉中鹽。及辭還，願以所納米獻官。帝曰：「回人善營利，雖名朝貢，實圖貿易，可酬以直。」於是予帛四十四、布倍之。其後亦嘗貢。

自成祖以武定天下，欲威制萬方，遣使四出招徠。由是西域大小諸國莫不稽顙稱臣，獻琛恐後。又北窮沙漠，南極溟海，東西抵日出沒之處，凡舟車可至者，無所不屆。自是，殊方異域鳥言侏㒧之使，輻輳闕廷。歲時頒賜，庫藏爲虛。而四方奇珍異寶、名禽殊獸進獻上方者，亦日增月益。蓋兼漢、唐之盛而有之，百王所莫並也。餘威及於後嗣，宣德、正統朝猶多重譯而至。然仁宗不務遠略，踐阼之初，卽撤西洋取寶之船，停松花江造舟之役，召西域使臣還京，敕之歸國，不欲疲中土以奉遠人。宣德繼之，雖間一遣使，尋亦停止，以故邊隅獲休息焉。

今采故牘嘗奉貢通名天朝者，曰哈三，曰哈烈兒，曰沙的蠻，曰哈的蘭，曰掃蘭，曰乜克力，曰把力黑，曰俺力麻，曰脫忽麻，曰察力失，曰斡失，曰卜哈剌，曰怕剌，曰你沙兀兒，曰克失迷兒，曰帖必力思，曰火壇，曰火占，曰苦先，曰牙昔，曰牙兒干，曰戎，曰白，曰兀倫，曰阿端，曰邪思城，曰捨黑，曰擺音，曰克癿，計二十九部。以疆域褊小，止稱地面。與哈烈、哈實哈兒、賽藍、亦力把力、失剌思、沙鹿海牙、阿速、把丹皆由哈密入嘉峪關，或三年、五年一貢，入京者不得過三十五人。其不由哈密者，更有乞兒、麻米兒、哈蘭可脫、癿蠟燭、也的干、剌竹、亦不剌、因格失、迷乞兒、吉思羽奴、思哈辛十一地面，亦嘗通貢。

魯迷，去中國絕遠。嘉靖三年遣使貢獅子、西牛。〔四〕給事中鄭一鵬言：「魯迷非嘗貢之邦，獅子非可育之獸，請却之，以光聖德。」禮官席書等言：「魯迷不列王會，其眞僞不可知。近土魯番數侵甘肅，而邊吏於魯迷册內，察有土魯番之人。其狡詐明甚，請遣之出關，治所獲間諜罪。」帝竟納之，而令邊臣察治。

五年冬，復以二物來貢。〔三〕旣頒賜，其使臣言，長途跋涉，費至二萬二千餘金，請加賜。御史張祿言：「華夷異方，人物異性，留人養畜，不惟違物，抑且拂人。況養獅日用二羊，養西牛日用果餌。獸相食與食人食，聖賢皆惡之。又調御人役，日需供億。以光祿有限之財，充人獸無益之費，殊爲拂經。乞返其人，却其物，薄其賞，明中國聖人不貴異物之意。」不納。乃從禮官言，如弘治撒馬兒罕例益之。二十二年偕天方諸國貢馬及方物，明年還至甘州。會迤北賊入寇，總兵官楊信令貢使九十餘人往禦，死者九人。帝聞，褫信職，命有司棺斂歸其喪。二十七年、三十三年幷入貢。其貢物有珊瑚、琥珀、金剛鑽、花瓷器、鎖服、撒哈剌帳、羚羊角、西狗皮、舍列猻皮、鐵角皮之屬。

校勘記

〔一〕二十年九月　九月，原作「四月」，據太祖實錄卷一八五洪武二十年九月壬辰條改。

〔二〕後至十二年始來貢　十二年，原作「十六年」，據本書卷一五孝宗紀、孝宗實錄卷一五三弘治十二年八月辛卯條改。

〔三〕正統二年　正統，原作「正德」。按下文有景泰四年，正德不應敍於景泰之前。據明史稿傳二○五黑婁傳改。

〔四〕遣使貢獅子西牛　西牛，本書卷一七世宗紀作「犀牛」。

〔五〕五年冬復以二物來貢　按本書卷一七世宗紀，嘉靖五年無魯迷入貢的記載，世宗實錄卷七二嘉靖六年正月丁未條，有魯迷來貢獅子西牛並請加賜事。

張廷玉上明史表

經筵日講官太保兼太子太保保和殿大學士兼管吏部尙書翰林院掌院學士事世襲三等伯臣張廷玉等上言：

臣等奉敕纂修明史告竣，恭呈睿鑒，臣等謹奉表恭進者。伏以瑤圖應運，丹綸繙竹素之遺；雒鼎凝庥，玉局理汗青之業。集百年之定論，裒一代之舊聞，歷纂輯於興朝，畢校紬於茲日。垂光册府，煥采書林。竊惟論道首在尊經，紀事必歸攬史。興衰有自，七十二君之蹟何稱；法戒攸關，二十一史之編具在。繼咸五登三之治，心源不隔於邃初；開萬方一統之模，典制必參諸近世。况乎歲時綿歷，載籍叢殘。執簡相先，合衆長而始定；含毫能斷，昭公道以無私。考獻徵文，用備西山之秘；屬辭比事，上塵乙夜之觀。欽惟皇帝陛下，乘六御天，奉三出治。紹庭建極，綏蕩平正直之猷；典學傳心，綜忠敬質文之統。覩人文以化天下，鑑物惟公；考禮樂以等百王，折衷必當。

惟茲明史，職在儒臣。紀統二百餘年，傳世十有六帝。創業守成之略，卓乎可觀；典章文物之規，燦然大備。迨乎繼世，法弗飭於廟堂；降及末流，權或移於閹寺。無治人以行治法，既外釁而內訌；因災氛以啓寇氛，亦文衰而武弊。朝綱不振，天眷既有所歸；賊焰方張，明祚遂終其運。我國家丕承景命，肇建隆基，天戈指而掃欃槍，王會圖而陳玉帛。滌中原寇盜之孽，奠我民生；慰前朝諸帝之心，雪其國恥。迄今通侯備恪，俎豆相承；依然守戶衞陵，松楸勿翦。是則擴隆恩於覆載，既極優崇；因之徵故籍於春秋，絕無忌諱。

第以長編汗漫，抑且雜記舛訛。靖難從亡，傳聞互異；追尊議禮，聚訟紛挐。降及國本之危疑，釀爲要典之決裂。兵符四出，功罪難明；黨論相尋，貞邪易貿。稗官野錄，大都荒誕無稽；家傳碑銘，亦復浮夸失實。欲以信今而傳後，允資博考而旁參。仰惟聖祖仁皇帝搜圖書於金石，羅耆俊於山林。創事編摩，寬其歲月。我世宗憲皇帝重申公慎之旨，載詳討論之功。

臣等於時奉敕充總裁官，率同纂修諸臣開館排緝。聚官私之紀載，核新舊之見聞。籤帙雖多，牴牾互見。惟舊臣王鴻緒之史稿，經名人三十載之用心。進在彤闈，頒來秘閣。首尾略具，事實頗詳。在昔漢書取裁於馬遷，唐書起本於劉昫。苟是非之不謬，詎因襲之爲嫌。爰即成編，用爲初稿。發凡起例，首尚謹嚴；據事直書，要歸忠厚。曰紀，曰志，曰表，曰傳，悉仍前史之體裁；或詳，或略，或合，或分，務覈當時之心跡。文期共喻，掃艱深鄙穢之言；事必可稽，黜荒誕奇衺之說。十有五年之內，幾經同事遷流；三百餘卷之書，以次隨時告竣。勝國君臣之靈爽，實式憑之；累朝興替之事端，庶幾備矣。

臣等才謝宏通，學慚淹貫。幸際右文之代，獲尙論於先民；敢云稽古之勤，遠希風於作者。恭蒙睿鑒，俾授梓人。伏願金鏡高懸，璇樞廣運。參觀往跡，考證得失之源；懋建鴻猷，昭示張弛之度。無怠無荒而熙庶績，化阜虞紘；克寬克仁而信兆民，時存殷鑒。則冠百王而首出，因革可徵百世之常；邁千祀以前驅，政敎遠追千古而上矣。謹將纂成本紀二十四卷，志七十五卷，表十三卷，列傳二百二十卷，目錄四卷，共三百三十六卷，刊刻告成，裝成一十二函，謹奉表隨進以聞。

乾隆四年七月二十五日

經筵日講官太保兼太子太保保和殿大學士 臣張廷玉

兼管吏部尙書翰林院掌院學士事世襲三等伯

太子少保食尙書俸 臣徐元夢

戶部右侍郎加五級 臣留保

乾隆四年七月二十五日奉旨開列在事諸臣職名

監理

議政大臣辦理理藩院尚書事務兼總管內務府和碩莊親王　臣允祿

總裁

經筵日講官太保兼太子太保保和殿大學士　臣張廷玉
兼管吏部尚書翰林院掌院學士事世襲三等伯　臣張廷玉

原任太子太傅文華殿大學士兼吏部尚書加五級　臣朱軾
原任經筵講官太子太傅文華殿大學士兼理戶部尚書事務加七級　臣蔣廷錫
太子少保食尚書俸　臣徐元夢
原任議政大臣戶部尚書管理三庫兼步軍統領敎習庶吉士　臣鄂爾奇
原任經筵講官禮部尚書　臣吳襄
戶部右侍郎加五級　臣留保

原任兵部左侍郎教習庶吉士臣胡煦
原任經筵講官通政使司通政使臣覺羅逢泰

纂修

太子少保兵部尚書兼都察院右副都御史總督直隸等處地方紫荆密雲等關隘提督軍務兼理糧餉加一級臣孫嘉淦
原任刑部右侍郎臣喬世臣
翰林院侍讀學士臣汪由敦
原任翰林院侍講學士臣楊椿
翰林院侍讀臣鄭江
原任右春坊右贊善兼翰林院檢討臣彭廷訓
原任國子監司業臣胡宗緒
原任翰林院編修臣陶貞一
原任翰林院編修臣蔣繼軾
原任翰林院編修臣陸奎勳

光祿寺少卿臣梅瑴成
原任吏科都給事中臣楊爾德
原任給事中臣閆圻
原任監察御史臣姚之駰
原任監察御史臣吳啓昆
原任翰林院庶吉士改授內閣中書臣韓孝基
原任翰林院庶吉士改授內閣中書臣馮汝軾
內閣中書舍人臣吳麟
原任盛京戶部員外郎臣藍千秋
原任湖北按察使司按察使臣唐繼祖
湖北分守武昌道按察使司副使臣吳龍應
原任湖南糧儲道布政使司參議臣王葉滋
山東兗州府寧陽縣知縣臣姚焜
原任翰林院庶吉士改授知縣臣金門詔
候選知縣臣萬邦榮

提調

盛京刑部侍郎加三級紀錄二次臣覺羅吳拜
內閣學士兼禮部侍郎加一級紀錄一次臣伊爾敦
內閣學士兼禮部侍郎佐領加三級紀錄三次臣春山
日講官起居注翰林院侍讀學士加四級紀錄三次臣春臺
原任內閣侍讀學士臣汪國弼
原任翰林院侍講學士臣世祿
原任四川布政使司布政使候補京堂臣竇啓瑛
原任四川永寧道布政使司參議加一級紀錄一次臣劉嵩齡
署理日講官起居注翰林院編修兼武英殿校對臣朱良裘

收掌

內閣侍讀學士加三級紀錄二次臣佟世德
戶部員外郎加一級紀錄二次臣石海

工部員外郎加一級紀錄三次臣覺羅彰古禮
盛京兵部郎中紀錄二次臣鄂禮善
戶部主事加二級紀錄三次臣佟鏞
內閣中書加一級紀錄二次臣伊希德
內閣中書加二級紀錄二次臣圖敏
翰林院待詔加一級隨帶又加一級紀錄二次臣朝奇
翰林院七品筆帖式在起居注行走加二級紀錄一次臣覺羅懷玉
翰林院八品筆帖式加一級紀錄二次臣六格
翰林院八品筆帖式在起居注行走加二級紀錄二次臣七十六
翰林院八品筆帖式加三級紀錄一次臣索銘
九門提督衙門八品筆帖式加三級紀錄三次臣多紳

繕寫

翰林院檢討臣韓彥曾
戶部司務留翰林院待詔任臣吳自高

福建永春州知州　臣杜昌丁
候補知縣　臣姚士塛
直隸永平府遷安縣知縣　臣李廷益
候選知縣　臣朱瑄
候選知縣　臣楊述曾
候選州判　臣戴大欽
候選州判揀選直隸試用　臣焦作新
候選州判　臣葉兆華
候選州判　臣曹江
候選縣丞揀選選福建鹽場大使　臣方南澬
福建建寧府浦城縣縣丞　臣呂萬年
江西瑞州府上高縣縣丞　臣黄鏞
江西廣信府興安縣縣丞　臣羅德齡
江南松江府金山縣縣丞　臣張曰謨
福建邵武府邵武縣縣丞　臣朱浤臣

候補縣丞臣金帶
山西朔平府經歷臣羅溶
山西汾州府經歷臣王是荷
江西九江府經歷臣錢毓崧
候選經歷臣何津
候選經歷臣謝沛生
候選經歷臣金元霖
候選經歷臣葛舜有
候選主簿臣馬士憲
候選主簿臣汪連芳
候選主簿臣陳塤
雲南祿勸州吏目臣呂春
雲南新興州吏目臣畢大書
河南光州吏目臣馮大績
廣西柳城縣東泉鎮巡檢臣王紹曾

廣西宣化縣金城寨巡檢臣范尙仁
江南奉賢縣南橋鎮巡檢臣童秉德
廣東西寧縣夜護司巡檢臣甯玠
廣東萬州龍滾司巡檢臣沈彝
貴州平越府湄潭縣典史臣金鼎
河南懷慶府河內縣典史臣張沅
廣西思恩府武緣縣典史臣張景琦
四川重慶府墊江縣典史臣陳書
候補典史臣于世寧
候選典史臣徐璋

校對

經筵講官吏部右侍郎加二級臣陳大受
日講官起居注詹事府詹事兼翰林院侍讀學士加一級臣陳浩
日講官起居注詹事府少詹事兼翰林院侍講學士臣呂熾

署理日講官起居注翰林院編修兼明史館提調　臣朱良裘

翰林院編修加一級　臣熊暉吉

翰林院編修　臣吳兆雯

原任翰林院編修　臣于枋

翰林院編修加三級　臣田志勤

翰林院編修加一級　臣夏廷芝

翰林院檢討　臣唐進賢

翰林院編修　臣董邦達

翰林院編修　臣張映斗

翰林院編修　臣陸嘉穎

原任翰林院編修　臣張蘭清

翰林院編修　臣曹秀先

翰林院檢討　臣吳　泰

翰林院編修　臣李清芳

翰林院編修　臣潘乙震

翰林院編修臣沈廷芳
翰林院編修臣馮祁
翰林院編修臣吳紱
翰林院檢討臣萬松齡
巡察臺灣御史臣楊二酉
協理陝西道事福建道監察御史臣陳仁
原任監察御史臣邱玖華
翰林院庶吉士今改補戶部主事臣帥家相
拔貢生臣費應泰
拔貢生臣葉環
拔貢生臣盧明楷
拔貢生臣廖名揚
拔貢生臣徐顯烈
優貢生臣王男
拔貢生臣薛世楫

副榜貢生臣陳俊乂
拔貢生臣王積光
拔貢生臣李謙
恩貢生臣曾尚渭

監造

內務府南苑郎中兼佐領加六級紀錄八次臣雅爾岱
內務府錢糧衙門郎中兼佐領加五級紀錄四次臣永保
內務府廣儲司員外郎加二級臣雙玉
內務府都虞司主事加二級紀錄一次臣西寧
內務府廣儲司司庫加二級臣胡三格
監造臣恩克
監造加一級臣永忠
庫掌臣于保柱
庫掌臣鄭桑格